María querida:
Que estas líneas despierten
la fuerza de tu alma
y a la Diosa que
hay en ti.

Con amor
Adriana.

07.19.2020.

DE LA MUJER HERIDA A LA DIOSA QUE SOY

Pasos a la reconciliación con lo masculino

DE LA MUJER HERIDA A LA DIOSA QUE SOY

Pasos a la reconciliación con lo masculino

Claves sistémicas para la reconciliación con tu historia.

Por
Adriana García-Croes

Autor: Adriana García-Croes.
Título de la obra: De la mujer herida a la Diosa que soy.
Número de páginas:
ISBN: 978-1-5136-5902-2
Año de publicación: 2020
Copyrigth: Adriana García-Croes.
Primera edición: 2020
Maquetación: Abel García
Portada: Willian Montero
Prologuistas: Luz Rodríguez y Alejandro Pérez Bolaños.

Contactos y redes de la autora:
www.adrianagarciacroes.com
Instagram y Facebook: Adriana García-Croes
Twitter: @adrianacg20

ÍNDICE

CAPÍTULO II

El sistema no tolera espacios vacíos

CAPÍTULO III

La mujer herida

CAPÍTULO IV

CAPÍTULO IX

Las diosas de cada mujer

CAPÍTULO X

La aguja en el pajar

De la mujer herida a la diosa que soy

Sinopsis

¿Te ves reflejada?

... Cuando vienes de una infancia de historias de dolor, donde tu autoestima se ha visto muy lacerada.

Creces acumulando miedos que te paralizan, abandonos y carencias afectivas que se repiten una y otra vez y luego sales al mundo con muchas facturas que no sabes a quien cobrar.

Te pierdes en un mar de emociones donde hieres y te hieren y en ese juego de la papa caliente un buen día caes agotada en tus propios vacíos y te das cuenta que la lucha que tienes con los demás, muestra tu propia lucha interior, en la que sólo combatiendo la tuya muy dentro de ti, en esa reconciliación y aceptación interna, te liberará de tus luchas externas.

Ahora te das cuenta que tienes una mujer que rescatar y amar, ¡¡y esa mujer eres tú!!

Dedicatoria

Dedicado a ti, mamita, por ser mi primera gran Maestra, por tu apoyo y amor incondicional y a nuestra historia que ha sido el motor para dedicarme a este oficio que tanto amo
y poder acompañar a la mujer a descubrirse, crecer y transformarse.

Agradecimientos

A todas esas grandes y maravillosas mujeres de mi linaje, protagonistas e inspiración para este libro!

En la medida en que fui impregnándome de la fuerza de sus huellas, la conexión y sincronía hicieron el resto, para incluir con tanto amor un tejido en historias de centurias que al saludar y mirar lo que estaba ausente, en lo que era un vacío, ahora ocupa su lugar.

Y en esa reconciliación de los opuestos se hizo presente un calorcito tibio pleno de alivio, liberación y paz, estoy aquí gracias a ustedes.

Gracias de manera muy especial a mis dos hijos, Brígido Daniel y Oriana Isabel, por el inmenso apoyo que después de emigrar y salir de nuestra amada Venezuela me han dado.

Siempre hemos estado muy unidos... más en esta etapa, toda la fuerza, amor y perseverancia han sobrepasado cualquier límite y dificultad para reinventarnos en nuevos caminos, mi admiración y dicha son plenas, al ver al hombre y mujer en que se han transformado.

Ahora mi inmenso amor de madre los suelta y bendice en el camino de la vida, en la confianza de las profundas raíces que nos esmeramos en nutrir para que hoy tengan amplias alas para volar.

A todos mis grandes Maestros, su esencia y legado permanecen presentes en mí como pétalos de una hermosa y sagrada flor que sigue creciendo, a la cual riego y cuido a diario, mi honra a todos.

En especial, en lo que ha sido este caminar de mi formación sistémica a mis dos grandes Maestras:

Carola Castillo... Gracias Maga, por ese convenio de almas que se manifestó en el momento exacto con señales entre códigos, plumas y arcoíris para el encuentro con mucha fuerza para crecer y confiar.

Luz Rodríguez... Gracias por tu dedicación, entrega, generosidad, por esa esencia sutil, sencilla y tan profesional.

Por esa pedagogía única que entregas de manera magistral y hacen fascinante cada lección y aprendizaje, pero sobre todo, gracias por guiarme a sacar todo mi potencial para colocarlo al servicio de la vida.

A cada mujer que me ha permitido acompañarla, por todo lo que me han enseñado y nutrido en mi camino en la práctica diaria de la terapia, confiando en mi guía y asistencia para colocar herramientas y recursos para la vida y garantizar así una familia sana. Así vamos pasando la antorcha.

Prólogo I

Luz Rodríguez

El libro **"De la mujer herida a la Diosa que soy "**, te lleva a un viaje de descubrimiento por el alma de la mujer. Te ayuda a descubrir tus heridas y superarlas, a través de la poeta que hay dentro de Adriana García-Croes.

Reconoce la fuerza de lo femenino y la importancia de honrar a nuestro linaje materno y sanar las heridas que arrastramos, y que impiden nuestro bienestar.

Adriana a través de la intervención metafórica de una consultante, aborda cada una de las etapas de sanación y de autodescubrimiento. Donde el terapeuta se convierte en un acompañante del camino, interviniendo sólo lo necesario.

Con esta lectura se acompaña a las mujeres a experimentar sus duelos sin temor, traspasando las barreras del dolor.

Con recomendaciones prácticas en cada etapa.

Descubrimos y encontramos a través, " De la mujer herida a la Diosa que soy" técnicas que nos ayudan a crear relaciones más sanas, trabajar en nuestras heridas de infancia, pero sobre todo, te ayuda a descubrirte a ti misma desde un lugar más amoroso, en el cual aceptamos cada experiencia como un proceso de transformación y cambio.

Hasta que la mujer no sea consciente de su plenitud y de la divinidad que hay en ella, seguirá mendigando amor. Y eso, Adriana lo deja muy claro en su Libro "De la mujer herida a la Diosa que soy".

Espero que cuando explores estas páginas descubras la maravillosa diosa que hay en ti, que disfrutes de su luz para generar bienestar y felicidad, y que entiendas lo increíble, excitante y positivo que es ser mujer.

Gracias Adriana García-Croes, con estas páginas, honras a las mujeres de tu familia y finaliza un legado de sufrimiento y drama que no se puede seguir perpetuando.

Entonces, **¡ha valido la pena!** Estoy segura que a través de tus palabras lograrás que cada mujer reconozca el infinito poder que existe en su alma.

Luz Rodríguez.

Prólogo II

Alejandro Pérez Bolaños

Sin duda alguna todos los seres humanos venimos arrastrando un peso, algunas veces grande, producto de nuestras heridas y no solo me refiero a las heridas de las cuales hemos sido conscientes, sino de aquella que viene a ser nuestra herida primordial: Sentir que somos una partícula separada de una unidad perfecta llamada Dios, Universo o como cada quien quiera llamarle...

Desde esa sensación de separación hemos empezado a transitar por este camino de la vida dejando cabos sueltos, preguntas sin responder o peor aún sin hacernos la pregunta primordial: ¿Quiénes somos?

Y producto de ese desconocimiento hemos creado una red de relaciones muchas de ellas basadas en el miedo y en una necesidad de control de todo lo que habita fuera de nosotros, trayendo como consecuencia más vacío, relaciones tóxicas y una profunda crisis existencial.

Y estoy convencido que solo realizando un viaje heroico al pasado, a nuestra infancia y hasta hurgando un poco más allá, en nuestros ancestros, podremos asumir el control de nuestra vida y la responsabilidad de nuestras decisiones pasadas.

Pero hay que reconocer que somos el resultado de muchas heridas, entre las que se encuentran nuestra llegada a este mundo después de haber estado meses en el vientre materno, entrar en una dinámica familiar con sus aciertos y desaciertos, matricularte en la escuela y empezar a conseguir un lugar en nuestro entorno, la adolescencia, sus batallas y como consecuencia la aparición de nuestras primeras máscaras.

Pero hay una buena noticia y es que somos el resultado de millones de años de evolución... venimos del polvo de las estrellas, de explosiones solares, lo que nos muestra que somos Hijos del Sol... y al lograr reconocer que somos luz, solo nos queda entregarla para que ella no termine quemándonos.

Adriana García-Croes, (luego de haber abrazado sus sombras), en este libro comparte su luz, como lo ha hecho tantas veces como conferencista, terapeuta, mujer, hija, madre, hermana, amiga y nos lleva a realizar un viaje a través de sus experiencias con seres maravillosos que han confiado en ella, permitiéndonos así poder observarnos y sanar nuestras heridas, reconociendo que debemos integrar nuestras polaridades, nuestra dimensión masculina y femenina de consciencia.

Solo con un profundo coraje podemos pasar de esas heridas a reconocer nuestra perfección original o como dice la misma Adriana, pasar de la mujer herida a la Diosa que realmente es...

Y en este profundo y vivencial libro nos damos cuenta que crecer duele... pero solo sanando y viviendo ese duelo podemos aprender y abrirnos a lo nuevo que el camino de la vida siempre nos tiene deparado, porque sin duda alguna todo gran dolor nos lleva a un gran Amor.

Solo me resta como buen peregrino, desearles un maravilloso viaje a través de estas páginas y que dejen a la mente demente a un lado y abran el corazón para seguir avanzando hacia nuestra trascendencia...

Buen Camino!

Alejandro Pérez Bolaños
Coach, Escritor, Inspirador y Peregrino

Introducción

Definitivamente, el comienzo de mi historia marcó mi vida y trazó mi camino para lo que soy hoy y el haber enfrentado tantos momentos difíciles y llenos de dolor fueron los que me llevaron precisamente a una búsqueda incansable.

A indagar, a no conformarme con que la vida es así, no hay nada que hacer y quedar atrapada en miedos o convencionalismos sociales que imponen las reglas.

Empecé a hurgar, primero en mis historias, luego en mis raíces y así, pasito a pasito, fui juntando las piezas del rompecabezas que aún sigo armando, ya que la magia de la vida siempre se encarga de seguir colocando piezas sueltas en mi camino para seguir descubriendo, integrando, sin perder la capacidad de asombro.

Voy agradeciendo en cada tramo la grandeza del amor que nos une en lo ausente y lo presente, entre lo que pudo ser y no fue, entre suspiros y anhelos, en estar cada vez más ligera de equipaje en la simplicidad de ser, estar y servir.

Mi vida ha estado marcada por grandes y maravillosas mujeres, de ahí mi inspiración... Son tantas y a todas tengo tanto que agradecer.

Las historias de las mujeres de mi familia me llevaron a profundas investigaciones, análisis y descubrimientos que me condujeron a la bendición de comprender tantas cosas.

Y fue a partir de esas historias integradas que se nutrió mi camino como Terapeuta y es lo que hoy, con tanto amor, coloco en tus manos con el deseo y la intención de que entres en un camino de reconciliación contigo, que te permita estar plenamente en tu vida y que de verdad puedas realizar tus sueños.

Lo que hace muchos años se convirtió en un taller que di y fue una fusión de "arte con terapia" con el mismo nombre del título de este libro, fue el comienzo de un largo transitar.

Me esmeré, a través de imágenes muy vívidas, en colocar esos tramos en la vida de una mujer con papá, el primer gran amor, luego la mujer herida, y la pareja.

El lugar fue decorado muy sobrio y elegante, todo en blanco con aires griegos, con dos pilares blancos y palmas, juego de luces con colores específicos, humo, música, sonido, vídeos, aromas, flores, material de apoyo, que hicieron un anclaje y detonaron procesos.

Un coffee-break de lujo, entre postres variados, junto con unos cupcakes con el símbolo del ying y el yang, invitando a la unión de los puestos, y todo un equipo de terapeutas entre el público para asistir a las participantes.

Todo esto con el fin de trabajar el merecimiento y motivar al trabajo personal de ir al encuentro de esa Diosa.

Por la mañana salí vestida toda de negro. Hécate, la bruja que te lleva al Inframundo, al mediodía toda de blanco, la Sacerdotisa que te lleva al Edén.

Se hizo una parodia donde salía una mujer despechada y pasada de tragos despotricando de los hombres y con la canción de fondo de "Rata de dos patas", de Juanita la del Barrio, fue la sensación y lógicamente, muchas se vieron reflejadas ahí. Había desde chicas de 13 años hasta señoras de 80, ¡y lo más hermoso es que todas encontraron su Diosa!

Y finalicé vestida de Diosa Griega, haciendo un sexy dance. Detrás de mí, una chica hizo un pole dance, y ya para cerrar, por sorpresa, hizo su entrada inesperada la energía masculina.

Un amigo tenor, cantando con toda su inspiración y fuerza a capela, hizo vibrar el salón, entregándole una rosa roja a cada participante. Luego se subió en el escenario con su banda interpretando todo un repertorio a la mujer.

Lo que yo pensé que quedaría allí, siguió vivo en el transcurrir del tiempo pues seguí en investigaciones, prácticas, entrenamientos terapéuticos, mi consulta particular y talleres, el programa de radio, la columna dominical del periódico, mi dedicación a las terapias de estimulación prenatal y asistencia en el parto, la vida misma en su transcurrir diario.

Y así fueron pasando los años. Seguía nutriendo y recopilando datos e información. Lo curioso es que siempre, en algún momento, me pedían que volviera a dictar el taller.

Y te comparto toda esta explicación en detalle para que comprendas que lo que ha sido tu dolor te lleve a ver en aquello que se repite y te llena de impotencia y te desgarra una y otra vez en ese ensayo y error; como un buen día todo se transforma en algo que termina siendo un regalo y tu maestría de vida.

Ahí ratificas esa frase que dice:

Siempre enseñas lo que más necesitas aprender.

Te animo a que no dudes en perseverar ante lo que sientas que te limita, no dudes en pedir ayuda ante aquello que puedas ver o percibir como tu más grande fracaso.

Pon la combinación de fe, perseverancia, valentía, oración, coraje y amor en eso que hoy sientes que es la peor desgracia de tu vida.

No te pongas límites y ábrete a los regalos y mensajes que la vida te ponga en el camino para la realización de lo que tanto anhelas.

No permitas que la vida te pase sin realizar tus sueños y propósitos, todos tenemos dones y talentos que ofrecer al mundo.

Saca la mejor versión de ti, insiste las veces que sean necesarias así, de una en una, seremos un montón, juntas y unidas será más fácil este camino de reconciliación con el hombre.

Que cuando te mires al espejo, puedas sonreír y ver el reflejo de un portento de mujer en todo su esplendor.... ¡TÚ!

Adriana García-Croes.

¿A quién va dirigido?

A aquellas mujeres que al vivir el desamor en relaciones con: traición, mentiras, abandono, infidelidad, abusos, repetición, etc., quedaron llenas de miedo y resentimientos en un laberinto donde no encuentran la salida y cerraron el corazón.

Se perdió la fe en el amor y viene la frase:

"TODOS LOS HOMBRES SON IGUALES"

La solución está en la reconciliación de ambas partes, pero...

¿Cómo se hace?

Ahora está la decisión consciente de ir al rescate de sí mismas para la reconciliación interna y con la pareja.

"Desde tu esencia...
da vida a la Diosa
que hay en ti"

Situación problemática que atiende este tema:

A través de esta experiencia vas a hacer contacto con viejas heridas que están afectando tu vida presente como mujer. Y tendrás información importante que te hará más consciente del porqué estás viviendo estos temas y cómo solucionarlo.

En varios pasos irás rescatando espacios, colocando el bálsamo necesario para liberar tu vida de esos miedos recurrentes que sabotean la reconciliación contigo y tus anhelos de mujer.

Beneficios que obtendrás al rescatar tu esencia:

1. Crear las bases para una buena vida.
2. Reconciliarte con el pasado para dejar de repetirlo.
3. Encontrar tu pareja ideal.
4. Sacar fuerzas del miedo.
5. ¡La Libertad de ser TÚ!
6. Capacidad de incrementar a nivel afectivo y profundo en una relación.

¿Qué me llevó a escribir este libro?

La gran mayoría de las mujeres, por diversas historias y razones, hemos crecido con una autoestima muy frágil y a partir de ella, creemos que todo está afuera y buscamos así la aprobación externa, olvidándonos absolutamente de la inmensidad que somos.

Empezamos una carrera interminable donde tienes que calificar socialmente, ser perfecta, bella, profesional, buena ama de casa, excelente hija, madre, esposa. Y mientras más te destaques en cualquier rubro o más títulos tengas, crees que el premio será mayor.

Muy probablemente, con una pata coja en la relación con papá o mamá y allí en seguidilla vamos corriendo la arruga, es decir, dejándolo pasar.

Al crecer, nos lanzamos a la experiencia del amor; creemos tener el mundo en nuestras manos y en esa aventura de pensar en príncipes azules y cuentos de hadas con finales felices.

Pero se van tiñendo de amargas decepciones, abandonos, abusos. Y, sin pretender buscar culpables, mi intención al escribir este libro es comenzar ese camino de reconciliación con nosotras mismas para luego sí, poder reconciliarnos con la energía masculina.

Muchas hemos sido heridas y traicionadas por hombres, es verdad... pero también hemos herido nosotras.

Sólo cuando asumamos nuestro grado de responsabilidad y podamos mirar también su dolor, es cuando podremos mirarnos a los ojos de una manera más gentil para poder estar entre iguales.

¿Y cómo? Con más respeto, asumiendo la responsabilidad cada cual de su parte y haciéndonos cargo de lo que corresponde para poder poner punto final a la espiral de herir y culpar.

También podremos ver la sexualidad tal como es, un encuentro bello y sagrado.

Es todo un camino aprender a sernos leales a nosotras mismas y saber colocar a tiempo sanos límites, saber pedir lo que queremos y no pretender que ellos lo adivinen.

Es hermoso aprender a reconocer y honrar la energía masculina, su poder, vulnerabilidad, fuerza, virilidad, claridad, determinación, enfoque, ternura y dolor.

También su amor y su coraje, para así... de esa mujer herida, transformada en Diosa, inclinar el ser ante lo Divino masculino que hace falta en esta Tierra, tanto como lo Divino femenino.

La invitación es apoyarnos entre todas a ser más conscientes en nuestra relación con los hombres.

Elevar nuestro nivel de consciencia para disolver esos patrones destructivos que son eslabones de largas, pesadas y oxidadas cadenas, de manera que así todos, hombres y mujeres, podamos unirnos desde un amor más consciente y hacer posible ese equilibrio entre lo femenino y masculino, ¡nos lo merecemos!

De esa manera, un buen día, reflexionando, entre vacíos y suspiros, haciendo remembranzas de tu vida, comenzarás a darte cuenta de que te quejas de que no te valoran, te tratan mal y abusan.

Mas después, al reflexionar profundamente, el dolor más grande será confirmar muy dentro de ti que el abandono y deslealtad más grande partieron de ti misma y de todo lo que tú permitiste.

CAPÍTULO I

Abrir las puertas y ventanas de mi historia para ventilar el pasado…

Hay un delicado equilibrio entre
Honrar el pasado y perderse en él.
Eckhart Tolle

Llega Brenda a consulta

En una tarde cualquiera, estaba tomándome un té y esperando a la última persona que me quedaba por atender del día.

Tocan la puerta y recibo en terapia a una chica, no muy alta, elegante, con una hermosa figura, de rápido andar, ojos castaños y mirada profunda.

Divorciada, profesional, con dos hijos y muy elocuente al hablar.

La saludo, la invito a pasar y al sentarnos, mirándola a los ojos, le pregunto:

—A ver... ¿Qué te trae por aquí?

Ansiosa, me responde, con la emoción comprimida. Y al comenzar a hablar es como si se abriera la compuerta de una represa que se desborda a tropel. Con los ojos brillantes, a punto de soltar las lágrimas, me dice entre sollozos:

—¡Estoy cansada de que se repitan en mi vida historias de dolor, abandono, traición, soledad; de que jueguen con mis sentimientos y me traicionen!

»Necesito ayuda, siento que ya no puedo con esto. Tengo que sacarme toda esta rabia y resentimiento conmigo misma y con los hombres, este dolor mezclado con miedo, desconfianza, impotencia y mal humor, no sé por dónde empezar.

»Me duele el alma hasta cuando respiro y no sé cómo sacarme esta rabia que tengo, no quiero convertirme en una amargada, y lo peor es que siento que ya lo soy.

Yo escucho atentamente toda su historia, hago preguntas puntuales sobre cada evento, comienzo a conectar con el campo, armo las piezas del rompecabezas.

Brenda no para de hablar, atropella sus palabras, parece un tren a toda máquina.

Me dice que viene de padres divorciados, que se pelearon. Ella creció sin su madre, entre los dimes y diretes de ambas familias, con ella siempre en medio de todas las situaciones, y aunque recibió una buena educación con valores y principios, también sintió muchas injusticias mientras crecía, sin un hogar estable, con muchos miedos, vacíos, y largos períodos sin ver a su madre.

Tenía un padre profesional y exitoso que trabajaba demasiado y veía poco. A su vez muchas figuras de madres sustitutas entre abuelas, tías, madrinas y mujeres cercanas a la familia. Así fue creciendo.

Todas esas emociones reprimidas comenzaron a hacer lo suyo. Al entrar en la adolescencia, se acrecentaron los conflictos, especialmente con su padre, con quien tenía muy mala comunicación.

Se volvió irreverente con él, lo retó y, en un acto de rebeldía, se independizó económicamente, según ella, porque así le permitía hacer las cosas a su manera.

Empieza a estudiar y trabajar al mismo tiempo, comienza a tener sus primeros logros. Se compra un auto, amplía su círculo de amistades. Con conquistas a su alrededor, llega el momento en que se enamora, y no pasa mucho tiempo cuando decide casarse.

(Hoy en día reconoce que decidió dar el paso al matrimonio por la necesidad de salir de su casa y el anhelo de tener su propio hogar).

Al principio todo parecía ir bien. Era bonita la ilusión de los primeros tiempos que dieron la estabilidad y calor de hogar que tanto había anhelado, pero al llegar los hijos crecieron las responsabilidades y también los desencuentros.

Su esposo no le dedicaba mucho al hogar, tampoco había una buena comunicación. Empezó a hacer lo suyo la rutina y así cada vez él estaba más distante y ausente.

Ya eran más seguidas las discusiones y los reclamos, ella gritando histérica y malcriada, queriendo manipular y exigir; él callado, sin argumentos, con reacciones agresivas. Y entre los tiras y aflojas, la relación se iba debilitando cada vez con más desencuentros.

Comenzó a descubrir mensajes, mentiras, salidas fuera de lugar hasta muy tarde con supuestos amigos y mucho más. Ella comenzó a ser cada vez más fría, a desatenderlo, a salir por su cuenta con los niños.

Así transcurrieron varios años, hasta que un buen día, mirándose al espejo, entre lágrimas e impotencia, decidió no aguantar más esa situación y dar el paso de divorciarse.

Fue una batalla campal, donde nadie salió ganando, con muchas heridas abiertas que sanar ambos, con unos niños confundidos y temerosos.

A partir de ahí sólo ha habido desorden, facturas emocionales vencidas, lastres que se mezclaban entre pasado y presente.

Brenda trabaja muchísimo para poder salir adelante con todos los gastos a cuestas y, sumado a esto, varias historias similares de intentos fallidos en el amor que la han llevado a más frustración y predisposición.

Tras escuchar toda su historia, ahora paso a explicarle que éste es un trabajo personal donde irá armando las piezas de un rompecabezas.

Somos leales a nuestros ancestros y, desde un amor ciego, vamos repitiendo todas esas historias de las que venimos, aunque no las sepamos de manera consciente, con sus secretos y personajes.

Le explico la importancia de la perseverancia, de enamorarse de su proceso, que no es otra cosa que poder ver en la medida que se camina en el proceso.

De darse cuenta de todas las bendiciones y regalos que trae todo lo vivido y de tener consciencia de que esto que hoy comienza, como todo en la vida, tiene concepción, gestación y nacimiento.

Hay una frase que suelo repetir mucho y es que a terapia se viene a hacer consciencia, pues todo lo que no se hace consciencia se vuelve destino. Quien ve el bosque completo desde fuera, sana.

No buscamos culpables, es un trabajo de reconciliación; lo importante es hacernos responsables de lo que nos corresponde, ocuparnos de nuestras heridas.

Colocarles el bálsamo y los cuidados necesarios para que luego sean cicatrices que nos dejen un punto de referencia de lo superado, transformado en sabiduría. Cerrar ciclos para así poder honrar lo vivido junto con las enseñanzas, ya sin drama, para poder así actualizar espacios de vida y con certeza llegar a sentir la paz de lo integrado transformado en luz.

—Brenda, ¿estás dispuesta a comprometerte contigo hasta el final? —le pregunto.

—Sí, sí... ¡¡dispuestísima!! No quiero volver a pasar por estas historias y estoy decidida a crecer.

Llegamos entonces al convenio de mantener la perseverancia de su proceso. Se inicia así la maravillosa travesía que va en un recorrido sagrado de la mente al corazón, desde esa premisa que dice:

Como es afuera, es adentro, como es arriba, es abajo.

Primera ley de correspondencia, todas esas preguntas que te haces, que están aún sin responder, tienen su respuesta en la inmensidad que eres y te habita.

El Clan en mí

Agrupando las piezas del rompecabezas.

"Cuando un poder o energía está en el lugar correcto tiene un efecto benéfico, cuando está desplazado crea disturbio".

Dan Van Kampenhout.

Es muy temprano. Me preparo un café para entrar en calor, estamos en invierno y el frío aprieta... Brenda pidió cita a primera hora, ¡me preparo para recibirla!

Llega puntual y con una sonrisa de esas que vienen cargadas de esperanza y ánimo. Sin perder tiempo, me dispongo a entrar en acción.

—Es de vital importancia, desde el inicio de esta travesía consciente que hoy emprendes, que apliquemos estos recursos como son:

»El orden, las jerarquías, el sentido de pertenencia y el equilibrio entre lo que damos y recibimos.

»Esto es precisamente lo que conforman "Los Órdenes del Amor", de Bert Hellinguer. Son las leyes principales que rigen los sistemas de familia.

»Conocer tu historia, tus raíces, tanto linaje paterno como materno, es una buena base para la plataforma que requiere la vida que quieres construir.

»Ir al pasado con respeto a buscar recursos y fuerzas.

»En muchas ocasiones, no tenemos idea ni siquiera de cómo se llamaba una abuela pues tenía un sobrenombre o apodo, de fechas importantes que marcaron o de qué historias venimos.

»¿Cómo se enamoraron nuestros padres, a qué edad se casaron, cómo fue su infancia, enfermedades, nombres que se repiten, oficios y talentos, cuáles han sido los destinos de nuestros ancestros? ¿Qué tomé de ellos?

»¿Cómo fue mi nacimiento? Esto marcará mi vida. Son preguntas sutiles, claves. Y en el proceso, a veces, la magia más grande es perderse para encontrarnos de nuevo, por eso en este trabajo es importante saber:

¿De dónde vengo, dónde estoy y a dónde voy?

»Muchas veces no sabemos de qué historias venimos, mas aún ni siquiera nuestra historia presente. Y así, en un medio saber de uno, obviamente no se sabrá dónde ir.

Brenda, muy atenta a toda la información que va recibiendo, va anotando y entendiendo muchas cosas.

—¿Y cómo hago con todas esas cosas en las que siento tener la razón y con esa sensación de que he sido víctima de mi familia que fue injusta conmigo? —me pregunta.

La miro con cariño y le digo:

—Nuestra familia nos viene a enseñar lo que tenemos que

aprender, por eso tenemos la mejor familia y de las experiencias que vivimos, sean las que sean, ¡sacaremos toda la fuerza!

Brenda me mira como quien no está muy convencido, con rabia e impotencia, pero a la vez decidida a avanzar. Respira hondo y sigue atenta a mis palabras...

—En la medida que lo camines, comprendas y te vayas vaciando de todo el drama, comenzarás a hacer crecer esa niña en ti y a descubrir los regalos y la fortaleza que cada evento vino a traer a tu vida esculpiendo y dándole brillo dentro de ti a esa gema preciosa que eres y aún no reconoces en todo su potencial con sus dones y talentos.

Ahora, más relajada se queda pensativa analizando mis palabras.

¡De la víctima a la acción!

Esto es un temazo, pues venimos de una cultura en la que se le hace mucho la venia a ser víctima y por ende a potenciar y perpetuar el drama en nosotras y comprender realmente a la víctima en toda su dimensión, nos ayudará muchísimo para transformarla y sacarla de ese espiral.

Y vaya que es toda una gran transformación, pues requiere emplear la metáfora de la oruga que decide dar el paso y hacer su capullo para evolucionar en un abrir a nuevas alas y volar a la luz.

La oruga se alimenta de hojas. Cuando ya es mariposa succiona el néctar de las flores. Pero cuando está envuelta en la crisálida no tiene cómo alimentarse de nada externo y tal vez recordando su etapa dentro del huevito sabe que ahora sólo puede alimentarse de sus reservas internas, **esas son las que consigues en tu trabajo personal cuando estás en terapia.**

Una de las características que más se repiten en las relaciones, y especialmente en este tema de mujer herida, es la de sentirse víctima de esa persona a la que le dimos todo el amor, la atención o quizá los mejores años, también víctima de la vida, el destino y las circunstancias.

Vamos entonces a desarrollar más detalladamente este tema para así poder salir de ese guión que se repetirá una y otra vez. Si no te ocupas y buscas cambios conscientes y transformadores en esa situación, estarás en un espacio sin ti.

Primero que nada, para que haya una víctima, tiene que haber un perpetrador. Y lo que nos enseñan las Constelaciones es que víctimas y perpetradores forman parte de un único fenómeno, se atraen.

Toda víctima será después perpetrador. Esto es un clásico terapéutico que no falla, a menos que se trabaje, y se acceda a la posibilidad de una reconciliación y de una reparación del daño que se ha hecho, es decir, asumir la responsabilidad.

Bert Hellinguer lo resume en esta frase:

> **“Sólo los perpetradores pueden llegar a**
>
> **ser personas...**
>
> **Pues los inocentes nunca asumen como adultos,**
>
> **son niños”.**

¿Qué quiere decir esto?

Toda víctima, cuando es agredida, tiene la necesidad de reaccionar y defenderse, a no ser que el trauma sea muy grande o que no se atreva a defenderse.

Esta energía puede incluso bloquear a la persona hasta que llega luego a liberarse y va saliendo en brotes de agresividad, que es un instinto de supervivencia. En ese momento pasamos al rol de perpetrador.

¿Cómo lo compensamos?

Hay una medida entre ese equilibrio del dar y tomar que dice que:

Cuando recibes un daño, lo devuelves un poquito menos...

Cuando te dan algo bueno, tú das un poquito más... justo lo suficiente para que el otro se detenga y poder mirarnos de igual a igual en un:

"Somos iguales"... ni mejor, ni peor. Ahí hay cabida a crecer, mirarnos con respeto y amor ambas partes, y a que el impulso agresivo desaparezca.

Si, por principios morales, educación o sentimiento de culpa no nos atrevemos a sacar ese impulso natural de agresividad que tenemos, esa agresividad se va a quedar dentro de uno mismo y se va a transformar en venganza fría, rencor, resentimiento. No va a desaparecer nunca pues el evento ya pasó, pero eso queda remanente en uno.

Cada vez que vengan situaciones de enfrentamiento sentirás nuevamente las mismas emociones enquistadas, no trabajadas. Y cuando no permites sacar ese impulso agresivo, sigues creyendo y sintiéndote víctima, usando a los demás. Te quejas, acusas, señalas, justificas. Te muestras como víctima, y hacer eso, significa dejar de serlo.

Vas de víctima para no mostrar que estás en el lado del perpetrador. Por eso no hay nada más peligroso que ser víctima.

Puede parecer todo un trabalenguas, pero así vemos que la ganancia oculta que tiene la víctima es que nunca llega al éxito, pues de llegar, deja de ser víctima.

Para resumir, ser víctima es una cuestión de segundos. Inmediatamente después, uno se transforma en perpetrador y si no nos permitimos vivir ese brote agresivo, puede que no seas tú quien viva ese brote agresivo, sino tus descendientes, y ellos no entenderán el porqué de ese impulso agresivo, pues no han vivido la agresión como víctima.

Por eso, a su vez, es tan importante trabajar con nuestro árbol y con las historias de todas las mujeres de las que venimos, ver el clan en mí. Eso nos dará una referencia importantísima de nuestras situaciones actuales.

El poder ahora, a partir de ese evento que te partió el corazón, hacerte responsable de tu parte de lo que sucedió, de lo que permitiste u omitiste.

Quizá de haber dado de más, ya que la gran mayoría de las mujeres caemos en una fantasía de ser las perfectas e incondicionales para que sientan que sin nosotras no pueden y esto es un rol materno que se paga con creces.

Entonces, ver qué enseñanza te trajo, te llevará a la posibilidad de hacerlo un poco diferente y cambiar patrones y creencias que te llevan a estas historias nada gratas, por cierto.

Por eso, la mayoría de nosotros vivimos esa agresividad a destiempo. Cuando seamos capaces de asumir el daño, hacernos responsables, asumir y reparar, eso es lo que traerá la solución.

Quedar en la culpa es de flojos, pues la culpa te acuna, no resuelves, quedas en un niño(a) y se hará cíclico, pues siempre generarás situaciones que ratifiquen que eres culpable.

Hellinguer dice que si yo deseo asumir mi responsabilidad en lo que hice, voy a poner toda mi energía el resto de mi vida para reparar el daño que causé en algún momento, a hacerme cargo y así me transformo en adulto, humilde y con mucha fuerza y creatividad de hacer algo bueno. Así compenso en aquello que hizo daño.

Podemos ver que es todo un ciclo y por eso no hay víctima sin perpetrador y viceversa.

Por eso, la dimensión de tu drama también mostrará lo proporcional al tamaño de tu ego, poder soltar la arrogancia y resentimiento. De no soltar el dolor de la afrenta nos puede llevar a perdernos en nosotros mismos.

Yo siempre comento que podemos tener derecho a nuestros quince minutos de víctima para drenar, patalear, resistirse, negar, incluso gritar, pero una vez pasado ese tiempo hay que seguir adelante para no quedar anclados en esa energía.

Creo que después de saber y comprender esta dinámica, ya no querrás estar más en el papel de víctima y tomarás el camino hacia lo pleno que es estar en el adulto, sin miedo a hacer valer tus derechos y respetar los de los demás abrazando la fuerza interna que te guía.

Importancia del Genograma

Esta es una maravillosa y apasionante herramienta que servirá para representar toda tu historia familiar en varias generaciones (mínimo 4) a partir de ti. Más allá de fechas, nombres y anécdotas, te llevará a hacer consciencia de cómo han sido las relaciones y características de tu árbol, ver el comportamiento e identificar patrones existentes.

Te puedo dar fe de que te asombrarás de historias y datos fascinantes que encontrarás y te llenarán de fuerza, compasión, ternura, orgullo de tu origen y le darán una estructura única a tu presente.

¿Por qué te lo afirmo? Porque lo que no tiene estructura, no prevalece y porque quien no conoce su historias está condenado a repetirla.

Esto es un campo santo. Al trabajar en nuestro árbol debemos hacerlo con respeto y comprensión de esas vivencias difíciles de las que venimos, sin juicios y con empatía, comparando la percepción personal, los efectos y agradeciendo la historia para avanzar y estar realmente en el presente.

Así, al hacer este trabajo de investigación, se libera el inconsciente familiar, pues de no hacerlo, todo lo que haya sido borrado, ignorado, olvidado, excluido, los secretos, lo que dio vergüenza o dolor, por lealtad y amor ciego, lo vive la siguiente generación.

La repetición en un sistema familiar desde un amor ciego y en absoluta lealtad a su clan lo hace el alma a través de la memoria celular que, en resonancia con el sistema, se pone en sintonía con la experiencia. La memoria la traemos desde el vientre materno, allí se gestan las historias.

El subconsciente se ocupa de mantenerlas para vivirlas luego a lo largo de la vida. Por eso, en una edad adulta resonamos con nuestras memorias infantiles y aún más allá. Así lo que queda sin resolver se repite y lo que más cuestionaste o señalaste, lo vas a recrear en tu vida adulta. Es un círculo sin cerrar, dando paso a un circuito que va y viene; por eso tu árbol genealógico no es algo lejano perteneciente al pasado, vive en el presente dentro de ti.

Esto nos lleva a reconocer lo que es, el lugar que ocupamos y que ocupan nuestros antecesores, la forma en que se pertenece y cómo se toma el amor que subyace en las relaciones del sistema familiar.

"Y llega un día que te escuchas hablando como ella,
cocinando como ella, retando como ella, cantando,
como ella, enseñando como ella, bailando como ella,
escribiendo como ella, llorando como ella.
Y llega un día que esos zapatos gigantes que tanto te
probaste te quedan, y puedes recorrer
su huella.
Y con cada paso vas entendiendo todo lo que
alguna vez criticaste.
Y entiendes los límites, los retos, los enojos, las
preocupaciones, los miedos.
Y agradeces que estuvo ahí, acompañándote de
cerca, cuidando y vigilando.
Y agradeces sus desvelos, sus sacrificios, su tiempo.
Llega un día que te miras al espejo y la ves.
Porque unos meses estuvimos en ella pero
Siempre va a estar dentro nuestro... Madre"

(Autor desconocido)

¿Por qué mi vida se parece a la de mi madre?

Y ahora pasamos al ser que nos acunó en su vientre, a ese primer vínculo que tienes y que, unido a tu cordón umbilical hizo vida, con quien logras a su vez tu primer gran éxito, ¡nacer!

Es muy repetido en terapia el tener que trabajar heridas con mamá, bien sea porque no cumplió con nuestras expectativas, porque estuvo ausente, no dio el suficiente cariño, cuidados y atención, porque murió, quizá demasiada sobreprotección, porque te anuló, te dio en adopción, creciste lejos de ella, eran demasiados hermanos, u otros supuestos.

Las heridas aquí pueden ser muchas, y si es necesario ir al pasado para poder limpiar y sanar esas memorias dolorosas, bien vale la pena ir al rescate de esa niñita herida para que deje de hacer proyecciones de todo lo no resuelto en el pasado para dejar de repetirlo.

Si hay algo que debemos de tener en cuenta, es que la relación con la madre... ¡es la relación con la vida!

Ya nada más con esto vemos lo vital de dar estos pasos. Una de las cosas que más se escucha en terapia son a aquellos que dicen: Yo no voy a SER como...

Y es como si nos cayera una maldición gitana, pues aquello que señales y sentencies de tus padres, estarás condenado a repetirlo igual o peor.

Ahí nos crecemos en arrogancia y esa arrogancia el campo la castiga, con el paso de los años, cuando caemos en la cuenta de vernos en aquello que un día señalamos con duros juicios que nos hacen claudicar nuestro ego y cuando, al aprender con dolor, comenzamos a ser más humildes.

Esto marca la relación que tienes con todas las personas. Además, tiene que ver en cómo estás en tu cuerpo, en el planeta Tierra, con el concepto que tienes de ti, tu relación con la comida y con la abundancia.

Si somos 50% mamá y las mujeres toman la línea de las mujeres, qué fascinante se hace en esta travesía el nutrir tus raíces del linaje materno y descubrir qué tramos de la vida de tu madre, abuela y bisabuela te habitan.

Y así, al ir conociendo las historias podemos identificar nudos (que tienen memoria) y representan lo excluido que, por consiguiente, traerá limitación y repetición.

Las abuelas y las madres ancestrales

De nuestra abuela tomamos la energía de vida, pues ella ha transmitido un legado de lo femenino a nuestra madre, que a su vez viene de las madres ancestrales.

La forma de afrontar las dificultades de los reveses de la vida tienen la marca de la abuela, por eso muchos de los sentimientos que tienes en estos momentos son ecos de su historia, las huellas de muchas generaciones atrás de injusticias, abandono, dolor, miedos y duelos.

Quizás esa tristeza inexplicable que te arropa, o la ira que no sabes manejar, no es tuya, son de ella. Qué importante es conocer de su vida para así integrarla con más serenidad.

Has de tener consciencia que en nuestro útero están grabadas todas las memorias de ellas, con sus vivencias. Allí se encuentra la sabiduría de nuestro linaje.

Dentro de tus huesos, de tu ADN y memoria celular, llevas grabados esos patrones que te conectan con sus traumas, sufrimientos y penas, pero también con su fuerza, coraje, amor y sabiduría.

Especialmente, nuestra abuela materna es muy importante en nuestras vidas y saber de su vida y sus historias nos dará una maravillosa pista para nuestro trabajo personal. ¿Por qué?

Porque es la clave a la hora del traspaso de información genética y de programas. Cuando ella estaba embarazada de tu madre, el feto ya tiene los ovocitos formados. Y de esos ovocitos van a salir los 400 óvulos que tendrá tu madre durante su vida reproductiva. Uno de esos óvulos, ya lleva tu nombre. Así que este óvulo lleva la información de la abuela.

¿De qué información debemos ocuparnos?

A todo lo que la abuela vivió, sintió y cómo lo vivió.

Su infancia, sus relaciones familiares, sus amores, sus dolores, miedos, hijos, conflictos, enfermedades, identidad, dones, talentos, necesidades biológicas que no tuvo cubiertas. Absolutamente todo lo que puedas saber es información que queda como una impronta en cada célula del feto. Por lo tanto, llevamos esa información.

¿Has oído hablar de que la genética a veces se salta una generación?

Pues de esto se trata. El óvulo del que sales lleva la información de la abuela materna.

¿Por qué de la abuela y no del abuelo?

Porque la abuela pone el óvulo y el abuelo el espermatozoide. Y el óvulo, a parte de la información genética, lleva la información mitocondrial, que está en la membrana celular. Mientras que en el abuelo, la información mitocondrial está en la cola del espermatozoide y como sabemos, al momento de la fecundación, la colita se queda fuera.

En la mitocondria es donde está guardada la información a niveles de programas que se heredan, la información biológica.

Y en consciencia de esto, honrar tu linaje femenino, los miedos, ansiedad, depresión, situaciones de estrés, abusos, secretos, historias, dejando grietas en tu alma de mujer te llevan a sentir que desde tu alma les haces una reverencia en profundo respeto y agradecerles que pasaron la vida pues tú eres el producto de todas ellas.

Así, tu vínculo con mamá se hace más fuerte y puedes tomarla al 100%, viéndola como la grande y agradeciéndole haberte acunado en su vientre.

¿Por qué es importante sanar la relación con mamá?

Si el primer vínculo fue con mamá, será entonces la primera referencia que tomarás al resto de los vínculos que hagas. Esto quiere decir que si te vinculaste con mamá de manera saludable, todos los demás vínculos fluirán con mayor facilidad.

El Maestro Hellinguer dice:

> **"Una mujer toma fuerza a través de las fuerza de las mujeres que vinieron antes que ella: Tatarabuela, Bisabuela, Abuela y Madre. Una mujer es mucho más atractiva para su pareja cuando él siente esta poderosa fuerza femenina detrás de ella".**

Cuando reencontramos la paz, la alegría y miramos atrás logramos apreciar y agradecer lo que vivimos y aprendimos para dar el reconocimiento que merece.

En definitiva, el gran reto para todos es aprender y amar lo imperfecto de la vida, de nosotros y de los demás para volvernos más compasivos.

Brenda queda admirada de todo lo que ha escuchado, su cara de fascinación denota que en su interior se ha corrido un velo y por fin ve lo que es, ¡como es!

Hacer el camino de la mente al corazón...

Antes de que vivas y sientas todo lo que hemos venido conversando, quiero hablarte de algo importante que muchas veces no sabemos digerir, y por eso precisamente es que hay que caminarlo.

Desde hace unos años, hemos escuchado mucho decir eso de hacer el viaje de la mente al corazón... y ese dicho viene de una frase del gran Carl Gustav Jung, que dice:

> **"Hay una extraordinaria distancia entre la cabeza y el corazón, una distancia de toda una vida.**
>
> **Porque uno puede saber algo con la cabeza desde hace cuarenta años sin que nunca haya tocado su corazón".**

Y es justamente la acción a la que vamos ahora, pues será el resultado de un profundo proceso emocional, incluso corporal, (donde no entra la mente) que hará que llegues a tu corazón pues para poder abrirlo. Y será tu cuerpo y tu emoción quienes harán el trabajo.

Al remover las historias de las que venimos para poder tomarlas como son, en ese movimiento, permitimos que se libere el dolor que ocasionó aquello que se excluyó. Y así comenzamos a recuperar la confianza y vitalidad perdida.

No es pretender cambiar a mamá o a papá, y menos aún el pasado de lo que sucedió. Lo que se trabaja es sacar a la persona de un estado infantil, emocional, para que se encamine a estar en la vida plenamente desde su adulto. Otra cosa importante que quiero que sepas es que no vamos a trabajar la relación, lo que trabajamos son los vínculos.

—¿Y qué diferencia hay entre relación y vínculo? ––me pregunta Brenda.

—Brenda, los vínculos son eternos. Tu papá y tu mamá, siempre serán tus padres ––le contesto––. No conozco a nadie que diga este es mi expapá o mi exmamá. Desde el momento que nos relacionamos profundamente con una persona, lo que se genera es un vínculo y eso es lo que se sana y lo que se intenta reconciliar desde los movimientos del espíritu y del alma, pues la cabeza dice un montón de cosas.

»Clasifica, juzga, señalas y dices: Esto no, esto sí, mamá hizo esto, papá hizo esto otro. Hay todo un discurso, pero en el alma pasa otra cosa; el hijo(a) necesita de alguna manera reunirse con aquel que está separado para poder estar en paz y reconciliarse con esa situación del pasado.

»Y puede que ni siquiera tengas una relación con mamá o que no sea sana o es distante, pero cuando logras tener una mirada hacia mamá o papá respetuosa, ordenada, pacífica y de gratitud, el vínculo se fortalece.

Y luego, tras esa explicación, con esa certeza de sentir que Brenda se está abriendo, añado...

—Ahora te animo a que hagas con el corazón este ejercicio sagrado y des los pasos soltando juicios. Recuerda mantener el contacto con tu respiración, que será vital en el proceso y en una total humildad para que cale con toda tu fuerza dentro de ti.

—¡Ok!

Ejercicio con nuestro linaje materno

Visualízate enfrente de tu madre, abuela y bisabuela. No importa que no las hayas conocido o que no sepas sus nombres, para esto sólo hace falta abrir el corazón y hacerlo con respeto colocando la intención.

Poder llegar a este momento es épico cuando te entregas absolutamente a lo que es.

3 veces... Toma una respiración profunda, inhala, retén el aire y exhala con la boca abierta, a tu ritmo y a tu tiempo. Pon tu mano en el centro del corazón y dices en voz alta:

"Le pido a la Madre Divina que conceda su amor y sanación a todas mis madres ancestrales y a todo mi linaje materno.

Me inclino ante ustedes con profundo amor y respeto, de ustedes lo tomo todo una y otra vez, siempre serán para mí las primeras.

Que todos los patrones genéticos y memorias celulares sean sanadas, que todas las memorias energéticas y todas las memorias grupales sean sanadas.

Que el amor y la paz sean restaurados en mí y en mi linaje, que todas mis madres caminen conmigo en belleza y amor."

Ahora céntrate en tu Bisabuela y detrás de ella está La Fuente o energía de vida. La puedes visualizar como una Luz blanca brillante que pasa a través de ella en cadena y le vas a decir:

Bisabuela:

Hola, hoy te veo con respeto, te doy un lugar y te honro con todo mi corazón. Tal y como lo hiciste está bien, en mí vive tu energía y la recibo como dones sagrados. Lo tomo todo de ti y en tu honor haré lo mejor que pueda con lo que me dejaste, ¡gracias por pasar la vida, bendíceme!

Respira lentamente y exhala... recuerda que los movimientos del alma son lentos y éste es un momento sagrado. ¡Ahora seguimos!

Abuela:

Mírala, regálale una sonrisa y le dices:

Abuelita, honro tu vida y lo difícil que fue tu destino.

Honro tus pérdidas, tu sacrificio, tu fortaleza para superarlo todo y poder transmitir la vida... de ti vienen las huellas de muchas generaciones de injusticias, dolor y duelo.

Te tomo completa junto con la energía de vida y te miro con dignidad. Dejo contigo tus cargas y así te doy un gran lugar para llevarte por siempre en mi corazón. Honro mi vida, mi destino. Ahora sigo mi propio camino, ya tú pagaste el precio, por favor, mírame con buenos ojos si lo hago diferente.

Gracias a ti, tengo a mi madre, ¡bendíceme!

Ahora esa luz brillante que va en cadena llega a...

Mamá:

Tomo todo lo que me diste y me sigues dando, desde el momento que me fecundaste, porque eso me llena de poder y amor.

Mamá, ahora comprendo que mi historia de vida se construyera a través de lo que tú con tu amor, al permitirme nacer, me has transmitido. Reconstruir en mi alma ese lazo de amor entre tú y yo me acerca plenamente al amor y ese es tu mejor regalo.

¡Gracias, mamita, bendíceme!

Respira, y ahora visualiza cómo esa luz llega desde la Fuente, pasando por tus madres ancestrales hasta ti. Cada una se encuentra dentro de la otra.

Y viéndote pequeñita ante ellas, les dices a todas:

Hoy honro a todas las madres de mi sistema familiar, mujeres fuertes que pasaron la vida dejando su legado de amor hasta que me llegó a mí. Gracias, tomo la vida que me han dado y en su memoria haré algo bueno con ella, ¡todas tienen un lugar en mi corazón!

Ahora respiras una vez más, y con una bonita sonrisa, te preparas para estar frente a la vida. Por último, te recuerdo utilizar los 3 poderes para dirigirte a tus ancestros cuando lo requieras:

- Sentimiento.
- Pensamiento.
- Palabra hablada.

Luego define tu propósito, crece, expándete y ¡bendice!

Al terminar el ejercicio y de vivir esta profunda y sentida experiencia, Brenda me mira muy conmovida y sin palabras, llena de mucho alivio y comprensión.

Me acerco para darle la bienvenida a la vida en un gran y cálido abrazo. Nos miramos y entre risas y llanto me dice:

—Vaya terapia, siento un gran alivio, pero también cansancio y mucha sed. ¡Siento que me quité un gran peso de la espalda!

—Las lágrimas derramadas en tu proceso han servido de nutrición para que florezcan las semillas de tu alma —le respondo— Ahora a descansar, integrar, agradecer y así un pasito nos lleva al otro, en perseverancia avanzamos. ¡Nos vemos pronto!

Reconociendo al primer amor: ¡papá!

Lo que cuenta es que

reconozcas con amor

aquello que de tu padre

tienes. Así siempre puedes

mantenerte en el amor.

Y que, al mismo tiempo,

te dediques a tu vida y

a tu vocación especial.

Bert Hellinguer

—¡Aquí nos encontramos de nuevo, Brenda! ¿Cómo te sientes hoy, preparada para dar el siguiente paso?

—Sí, aunque creo que será más difícil para mí este tramo, ¡tengo ansiedad! —me dice frotándose las manos y sentada en la orilla de la silla como quien se quiere levantar e irse.

Esbozo una sonrisa.

—Brenda, poder realmente tomar a nuestros padres es el regalo y el privilegio más grande que todo ser humano puede tener.

»Según la huella que quede en ti, de esta referencia de ese otro gran 50% que eres, que es papá, de ahí dependerán tus futuras relaciones con lo masculino.

»Todo lo que enjuicies o señales de tu padre, eso será lo que busques como referencia de amor. Y en este caso será desde el mal amor, que no es más que el amor buscado desde el conflicto.

»Desde lo que resta y separa, para finalmente ratificar las creencias y heridas de las que vienes. El sistema no tolera espacios vacíos y esos espacios los hacemos cuando excluimos. ¿Y qué es excluir? Ya lo sabes, cerrar el corazón.

»Por eso, poder tomar a papá te dará la fuerza para tus proyectos y la realización a tus propósitos de vida y así te abres al éxito.

Reconocer e identificar dónde estas y qué debes hacer

»Comienza por preguntarte... ¿Qué no me gustó de papá? ¿Qué señalé o enjuicié de él? ¿Qué no tomé de papá, de qué manera lo etiqueté?

»Aprovecha para escribir todos tus sentimientos y hacer un vaciado de todo lo reprimido en ti, de lo que viste como defectos. No lo hagas como un reclamo, sino haciéndole saber cuánto te dolió su ausencia, su distancia o silencio.

»Quizá su dureza, si fue muy estricto o le tenías miedo. En fin, la idea es que puedas actualizar espacios de vida con las memorias de tu infancia y de las referencias que tienes de papá. Después de eso te vas a lo positivo, sus virtudes, talentos o dones que has heredado.

»La figura de papá es muy importante en nuestras vidas, aunque no lo conozcas, no te haya educado o que no crecieras con él.

»Tu padre biológico, el que puso el esperma para que tú nacieras, es aquel que te da todos aquellos patrones del linaje paterno que cargas contigo de manera inconsciente. Y de acuerdo a la relación que tengas con él, te afecta para generar dinero, manejar la autoridad, tu propio liderazgo, entre otros.

»Ahora puedes hacer el siguiente ejercicio y funciona igual aunque no lo hayas conocido:

»Sé que este momento te revuelve y confronta en lo más profundo, Brenda. Aquí sólo debes tomar la decisión de querer tener la razón y pasar facturas, para abrirte a la posibilidad de ser feliz. De nada nos sirve mantenernos en el dolor y tener pataletas de niña apegada al pasado. Decide tú dar el paso de tatuar a papá y mamá en el corazón.

»Sé que se dice fácil, y hacer el recorrido es todo un viaje interno que nos revuelca una y otra vez, que requiere de soltar, rendirse ante todo lo que fue, ya que eso no lo podremos cambiar. Mas sí transformar como fuente de fuerza una vez superado.

—Me siento en una lucha entre soltar y amarrar. Caray, no he empezado y ya me duele el estómago, siento que las tripas se me retuercen —resalta Brenda.

—¿Quieres dar el paso ahora con papá?

Sin decir palabra, con la respiración acelerada, asiente con la cabeza.

—Ahora quiero que contactes con esa niña en ti... mírala a los ojos, regálale una sonrisa. Tómala de la mano para que se calme y hazle saber que estás con ella. Dale un abrazo que le dé confianza. Respira y dale el permiso de dar rienda suelta a las emociones que surjan, sean las que sean.

»Ahora visualízate en frente de tu padre, pequeñita, viéndolo más grande que tú. Y esto no tiene que ver con el valor que tenemos como seres humanos, ni de que sea más que tú. Esto hace referencia a la jerarquía de aceptar que papá es el grande y tú la pequeña.

»Esto hará posible que recibas a través de él la energía de vida. De lo contrario. si te colocas de igual a igual con él, vas a cargar con patrones de tu linaje paterno que no te corresponden, como culpas, obligaciones, repetición de historias, etc.

Ejercicio con papá

Ahora, conectándote con tu respiración y haciéndolo con el corazón, vas a decirle a papá estas palabras, visualizándote en frente de él. Recuerda, pequeñita en todo momento y conectada con tu respiración, ¡vamos!

Di en voz alta:

> **"Papá, te tomo tal como eres. Tú eres mi padre y te tomo como mi padre, para mí eres el único y verdadero. No hay otro para mí."**

Respiras hondo, sintiendo con amor y respeto esta honra... Al decirle "papá, te tomo tal y como eres" quiere decir que tú aceptas que es tu padre. Y al verlo desde tu lugar más pequeña que él te permite tomar la energía de vida. Tomar es recibir y aceptar sin condiciones.

Cuando le dices "eres el único y verdadero" le das a él, y sólo a él, esa posición. Esto quiere decir que no colocarás allí a una pareja, abuelo, padre de crianza u otra persona que admiras y quieres ver como otro papá.

Ahora avanzamos un poquito más, respira profundo y vuelve a visualizarte enfrente de él. Le dices:

"Sí, tú eres mi padre, y yo soy como tú. Todo lo que estaba en ti también está en mí. Estoy de acuerdo con que seas mi padre, con todas las consecuencias que esto tenga para mí. Tomo lo bueno de lo que me diste y confío en que tú llevarás tu suerte de la mejor manera.
Tomo todo lo que me diste, fue suficiente. Del resto yo me encargo y en tu honor y el de mi madre, tomo la vida."

Esto quiere decir que aceptas que fuiste concebida por el esperma de tu papá y toda esa información contenida también vive en ti.

Así dejas a papá con la responsabilidad de su suerte, su destino, sus cargas. Honras la vida y lo demás se lo dejas a él, con respeto y sin juicios. Esto te permite apoyarte en él, que te nutras, lo agradezcas y des el paso para ir a tu vida.

Ya, finalmente, para cerrar este ejercicio, tomas una respiración profunda y visualizándote enfrente de él le dices con tu mano en el corazón:

"Papá, he recibido la vida de ti, la tomo y la respeto. Hagas lo que hagas y estés donde estés, yo me quedo en la vida."

Esta frase es importante pues si tu papá no se cuida y tiene algún patrón destructivo, adicciones, emociones tóxicas, etc. tú no repetirás desde un amor ciego lo mismo, te desimplicas, respetando su destino y ocupándote de tu vida.

De esta manera, te será más fácil sentir que puedes dar pasos hacia delante e ir a los brazos de papá y tomarlo al 100%.

Dejando esa historia, que quizá en el pasado señalaste con papá y mamá, eso no te pertenece, así te será más fácil tomarlos a ambos y poder darles las gracias por hacer posible la vida en ti y mirar hacia la vida para vivirla plenamente construyendo tus sueños.

Y para finalizar, le puedes decir:

Papá, tomo de ti la fuerza para salir de la oscuridad,
la grandeza para alcanzar mis metas,
la vitalidad para llegar al éxito,
la fertilidad para pasar la vida,
la libertad para estar presente,
la guía para dar fuerza a mis pasos... Gracias, papá,
te llevo en mi corazón y siempre estarás conmigo,
¡bendíceme!

CAPÍTULO II

El sistema no tolera espacios vacíos...

(Buscando la pieza que falta)

Al Hijo

No soy yo quien te engendra. Son los muertos.
Son mi padre, su padre y sus mayores,
son los que un largo dédalo de amores
trazaron desde Adán y los desiertos
de Caín y Abel, en aurora
tan antigua que ya es mitología
y llegan sangre y médula, a este día
del porvenir, en que te engendro ahora.
Siento su multitud. Somos nosotros
Y, entre nosotros, tú y los venideros
hijos que has de engendrar. Los postrimeros
Y los del rojo Adán. Soy esos otros,
también. La eternidad está en las cosas
del tiempo, que son formas presurosas.

(El otro, el mismo, 1964)

Jorge Luis Borges.

¡Y tu niña interior ahora se encarga de crecer!

Al haber vivido la experiencia de la importancia de tomar a tus padres, que equivale a ese asentir a todo en un SÍ, incluso de aquello que no te gustó, incluido maltrato, abuso o abandono, pues forman parte de un pasado que nunca podrás cambiar, mas sí transformar, en ese Sí a Todo agradecida, te abres a la posibilidad de tomar la vida.

Luego, al honrar a tus padres y trascender aquello que dolió, abres tu camino para hacer algo bueno, reconocer tu potencial desde el respeto a ellos, a su historia y a sus destinos. Así, al no juzgarlos, quedas más libre para mirar la vida.

Es como ir por capas actualizando tus espacios y en cada tramo te vas haciendo más fuerte y a su vez vas quedando más libre, con energía vital y alegría auténtica de vivir tu presente pues has asumido la responsabilidad de tus actos y sus consecuencias.

Avanzando en su proceso, Brenda comienza a notar cambios significativos en ella y más aún, los nota también la gente en su entorno que comienzan a preguntarle qué se está haciendo que está más bonita.

—¡Esto de hacer terapia da fuerza! ––me dice con picardía––. Me encanta sentir que tengo ganas de vivir y me disfruto cuando camino y voltean para verme, es una energía que te impulsa y recuerdo lo que me decías al principio, que eso que está fuera que no me gusta, está dentro.

»Mi relación con mis hijos ha mejorado mucho y siento que me comunico mejor con mi entorno, así que vamos a seguir ordenando y soltando, ¡qué maravilla!

»Pero hay algunas cosas que aún no entiendo muy bien.

—¿Como cuáles? —le pregunto.

—No estoy muy clara cuando me hablas de exclusión en el sistema, sus consecuencias y cómo reconocerlo.

—Perfecto, ahondaremos entonces más detalladamente y caminaremos hoy con este tema.

¿Qué nos trae la exclusión?

En el momento que hay una exclusión en el sistema, todos los demás miembros del sistema lo van a pagar inadecuadamente. Nada ni nadie puede ser excluido, pues de hacerlo, las próximas generaciones lo sentirán y tendrán cargas especiales.

Y nos podemos preguntar entonces... ¿Cuántos miembros y situaciones están excluidos de nuestro sistema? Muchos... y es que excluir no es solamente decir: ¡¡Vete!!

Excluir es cerrar el corazón y tener la consciencia en nuestras vidas de a quién y a qué tenemos excluidos. Es la tarea clave para el avance, pues al hacerlo creas una barrera y el amor no puede manifestarse, no puede brotar y eso afectará, no solamente a ti, sino a tus hijos, nietos. Es como un campo de energía que se mantiene.

Así como está presente la ley de la gravedad, en el campo emocional tenemos la Ley de la

Pertenencia.

Orden.

Equilibrio.

Y al igual que no puedes ir en contra de la gravedad, tampoco puedes ir en contra de la ley de la pertenencia, ni tú, ni ningún miembro del sistema pues se pagarán las consecuencias generacionales.

Y para que lo puedas entender mejor, la exclusión es un campo de frialdad que genera dolor. Y ese dolor que se ha generado puede pasar de generación en generación, pues es una energía; las emociones son energías.

Así como lo son también la alegría, la ira o el miedo. Aquí te recuerdo el principio de la termodinámica que nos dice:

La energía no se destruye, la energía se transforma, en algún lugar está.

¿Sabes cuáles son las exclusiones más repetidas?

Es por eso que, aquello que tú vivas, tanto positiva como negativamente, tiene que ver con tu sistema familiar, pero nuestra mente no va a aceptar para nada esa información, pues ella necesita la lógica, tocar, que sea palpable.

-Cuando alguien muere, sobre todo niños y abortos, cerramos el corazón para no sentir dolor. Guerras, muertes trágicas, enfermedades, destinos difíciles, asesinatos, suicidios, migración, herencias, cuando un amor te rompe el corazón y se va sin explicación, problemas entre hermanos.

Y aquí entonces te recalco una exclusión importantísima en el tema que nos ocupa, como lo son mamá, y especialmente papá y parejas previas, y te preguntarás: ¿qué son parejas previas?

Tus amores, los hombres que han pasado por tu vida, si no hubo buen cierre, si no se trabajó el dolor de haber terminado una relación, que es lo que más suele suceder, nos traerá muchísima dificultad para estar en una sana relación actual.

Ordenar nuestras historias y trabajar todo cuanto sea necesario será de vital importancia y ahí una Constelación Familiar nos ayudará sobre manera a comprender para poder abrir el corazón y entonces poder dar paso al amor, que ayudará a transmutar y transformar ese campo de dolor.

Igual que un Alquimista transforma el plomo en oro, así se va abriendo la energía y vas a ver el punto de dolor que ha generado tu situación actual de vida. Verás que todo está dentro de una dinámica para transmutar el dolor en amor y para esto sólo hay 3 requisitos:

Debes estar:

- Disponible
- Abierta
- Decir SI a todo tal y como es.

Es de valientes atreverte a vivir ese dolor para liberarlo, es maravilloso y al mirar esa energía, esa emoción que estaba excluida, al integrarla se convierte en armonía, paz, quietud, amor y liberación.

Lo que hemos sufrido no nos perjudica, todo lo contrario, representa la oportunidad de avanzar y desarrollar nuestra fuerza para poder vivir nuestra vida.

El primer paso, entonces, es aceptar a la familia que tenemos, con todo lo que hay.

En esa experiencia de sentir que se corre un velo en el cual se abre un espacio entre el pasado y el presente para reunirnos todos, reconocernos, incluirnos, abrazarnos, comienza a envolverte una brisa fresca llena de paz, donde brotan sonrisas de gratitud y alivio.

Entonces, para sanar la relación con nuestro linaje y la exclusión, vamos a realizar el siguiente ejercicio.

Ejercicio con los ancestros

Primero que nada, como siempre, haz contacto con tu respiración. Recuerda qué es lo que nos conecta. Entonces, inhala y exhala varias veces a tu ritmo, ve soltando todo.

Imagínate que estás delante de tus ancestros, padres, abuelos, bisabuelos, tatarabuelos y tienes la oportunidad en este momento de incluir todo aquello que ha estado excluido de tu sistema familiar y se ha seguido manifestando con dolor. Diles en voz alta:

> **"Ahora elijo aceptar la familia que tengo.**
> **Acepto a mi madre biológica y todo lo que me llega de ella.**
> **Acepto a mi padre biológico y todo lo que me llega de él.**
> **Tomo lo bueno de la vida y el resto de lo que yo necesito lo hago por mí misma.**
> **Papá, Mamá... tomo toda la energía de vida que me dan"...**

Ahora inhala esta energía, llénate de ella y esa es justamente la actitud.

"Inhalo todo lo que me llega de mi padre y de mi madre".

Ve visualizando cómo toda la energía que conecta cada generación se va desbloqueando, pues al decir SÍ a la vida exactamente como es, SÍ a tu familia tal y como son, a ti como eres, la vida también te responde SÍ.

Asentir, hacemos inclusión, eso nos llena de fuerza y de esa energía de vida que llena plenamente. Si hay algún tema en específico que resolver o mirar más profundo, es recomendable buscar la ayuda de un facilitador o consultor.

Tal y como has hecho tú y me estás permitiendo estar al servicio de tu familia y de tu proceso para que puedas identificar en qué punto se cortó el orden que impide que el amor fluya.

Ahora, el haber dado este acto de reconocimiento de incluirlo todo, hace posible que el conocimiento que viene de la mente haga la integración con el corazón para dar paso a la sabiduría y comprensión y elevar tu intuición, que es la lucidez que la mente ignora y el corazón conoce para llenarte aún más de fuerza y energía vital.

Consejos de nuestros ancestros

- Levántate con el Sol para orar. Hazlo sólo y frecuentemente. El Gran Espíritu oirá ciertamente si le hablas.
- Sé tolerante con aquellos que han perdido el camino. La ignorancia, la presunción, la ira, los celos y la avaricia (codicia), provienen de un alma perdida. Ora para que ellos encuentren guía.
- Búscate a ti mismo, por tus propios medios. No permitas que otros hagan tu camino, es tu senda y sólo tuya. Otros pueden caminar contigo, pero nadie puede hacer tu camino o caminar tu senda por ti.
- Trata a los huéspedes en tu casa con mucha consideración. Sírveles la mejor comida, dales la mejor cama y trátalos con respeto y honor.
- No tomes lo que no es tuyo, sea de una persona, una comunidad, de la selva o de una cultura. No fue dado ni ganado. No es tuyo.
- Respeta todas las cosas que están sobre esta tierra, sean personas o plantas.
- Honra los pensamientos, deseos y palabras de todas las personas. Nunca los irrumpas, ni te burles de ellos, ni los imites de manera grosera. Permite a cada persona el derecho a su expresión personal.
- Nunca hables de los demás de mala manera. La energía negativa que pones en el Universo se multiplicará cuando retorne a ti.

- Todas las personas comenten errores. Y todos los errores pueden ser perdonados.
- Malos pensamientos causan enfermedad a la mente, al cuerpo y al espíritu. Practica el optimismo.
- La naturaleza no es PARA nosotros. Es PARTE de nosotros. Ella es parte de tu familia del mundo.
- Los niños son las semillas de nuestro futuro. Siembra amor en sus corazones y riégalos con sabiduría y lecciones de vida. Cuando crezcan, dales espacio para crecer.
- Evita herir los corazones de los demás. El veneno de su sufrimiento retornará a ti.
- Sé verdadero (veraz) todo el tiempo. La honestidad es la prueba de la voluntad de uno en este Universo.
- Consérvate balanceado. Tu persona Mental, tu persona Espiritual y tu persona Física, todas tienen la necesidad de ser fuertes, puras, y saludables.
- Ejercita el cuerpo para fortalecer la mente. Crece mucho espiritualmente.

(Autor desconocido)

CAPÍTULO III

La mujer herida

Descubriendo tesoros

"El Sufrimiento"

Si no hubieras sufrido como has sufrido, no tendrías profundidad como ser humano, ni humildad ni compasión. El sufrimiento abre el caparazón del ego, pero llega un momento en que ya ha cumplido su propósito. El sufrimiento es necesario hasta que te das cuenta de que es innecesario.

Eckhart Tolle

¿Cómo avanzo con tantas heridas?

Esta es la pregunta que haces, no sólo tú, Brenda, sino la pregunta que se hacen millones de personas. Pon atención con la certeza de que dentro de ti cuentas con todos los recursos para salir adelante.

Ahora llegas a este tramo tan delicado y doloroso de tocar en lo más profundo la herida para hacer la asepsia adecuada, donde sí o sí, por más delicadeza que tengas, por donde toques duele.

—Se está poniendo difícil la cosa para mí, volver a sentir y a vivir ese dolor me asusta y ya me acelero con rabia de todo lo que no pude decir —me interrumpe Brenda.

—Te entiendo —le respondo—, por eso ha sido tan importante tomar la fuerza del origen. Sólo así puedes abrir la herida para ventilarla y resolver.

»Primero que nada, permitirte vivir el duelo, poder superar miedos, la necesidad o carencia que se han mantenido por mucho tiempo, para dar la oportunidad de ir soltando esos viejos patrones y creencias limitantes y ahora poder abrirnos a lo nuevo.

»Dar el paso de ir a relaciones conscientes para estar en el Amor Real, desde la fortaleza de tu corazón y la sabiduría que emana de él... ¡ahora comienzas a caminar hacia ti misma!

»Quizá puedas sentir que el mundo cambia y en realidad lo que está sucediendo es tu transformación interna, pues lo que va cambiado es tu perspectiva de mirar al mundo, mas tienes que tener una cosa en cuenta:

»Te esperarán desafíos que deberás superar, y sólo la disciplina y fe, enfocada en la meta que te traces, será tu mejor recurso para mantener la fortaleza de creer cada vez más en ti.

»En la confusión y el dolor de no saber por dónde empezar... Es importante el ver cómo vamos a gestionar las emociones que se generan y de las distintas etapas por donde se atraviesa en una ruptura.

»El fin de una relación genera un vacío y dolor interior del cual sientes que jamás podrás salir. Te animo a que tomes la responsabilidad de aprovechar esta oportunidad, de utilizar esta experiencia como un escalón para crear ese puente a tu interior en tu regreso a ti, a tu esencia.

Brenda me mira, sabiendo que ya estamos en un tramo crucial y trascendental para superar esas heridas de mujer. A estas alturas, ya está mucho más crecida en sí misma y en su determinación de avanzar.

—Por favor, dime qué hacer con esta sensación de tener el corazón roto y de no saber ni por dónde empezar.

La miro a los ojos buscando contactar con su sentir y enlazar las miradas.

—Cuando una relación se rompe, la otra persona desaparece de tu día a día y es un duelo comparable a la pérdida de un ser querido. El dolor es parecido, está el apego a lo cotidiano, a lo conocido, que nos lleva a una crisis de ansiedad.

»Es lo mismo que puede vivir un adicto en abstinencia, en esa necesidad de sentir su presencia, escuchar su voz, oler su perfume, sentir su calor.

»La diferencia es aceptar que ese ser sí está vivo y podemos entrar en negación, pensar y guardar la esperanza de que va a volver y aún quizá sin entender realmente qué es lo que ha sucedido, que no lo esperabas o puede que sí, pero no estabas preparada para enfrentarlo.

»Tu comprensión, tu entrega y cuidado de ti misma irán sumando.

Etapas del duelo

Crisis, negación, rabia, depresión, aceptación, aprendizaje..

En el duelo de la ruptura se va atravesando por diferentes etapas y pasamos por la crisis, negación, rabia, tristeza, esperanza, para poder luego llegar a la aceptación total que nos da el aprendizaje de lo vivido.

Hay que transitarlas todas sin pretender tomar atajos, hay que vivir lo que tienes que vivir sin evitar el dolor y se va de unas a otras en diferentes fases. Todo un sube y baja, donde incluso se vuelve a reincidir y a retroceder. Puede ser algo verdaderamente agotador y de lo cual una cree que nunca va a salir.

Serán fases que irán montadas en su vagoncito de una montaña rusa personal, unas veces más acentuadas que otras.

Por eso, debes, ante todo, ser gentil contigo en el proceso, pues estarás en medio de un tropel de emociones y pensamientos que, por momentos, no entenderás. Hasta no podrás soportarte a ti misma.

Hay amor en ti, un amor que acoge, que irás soltando conforme el victimismo y la lástima te abandonen. Y solo lo harás cuando estés preparada para fluir, avanzar y cerrar.

En el proceso te recomiendo no intoxicar tu emoción y vibración con quejas, resentimiento, amargura, preocupación, estrés, desánimo, enojo, ansiedad, dudas o rencor.

Si bien es cierto que son emociones que hay que reconocerlas, mirarlas, transitarlas, drenarlas e integrarlas; estar estancada en ellas por mucho tiempo es la peor resistencia que nos llevará a instalarnos en el sufrimiento para, finalmente, terminar exhaustas y ahogadas en la orilla.

Verás como en la medida en que te vacíes de todas esas emociones, podrás dar pasos agigantados acompañada ante todo del agradecimiento hasta de lo que no te gusta... ¿por qué?

Porque te llevó a crecer ante la adversidad, a tener confianza en ti misma y en el proceso. Te retó, también te dio tranquilidad y certeza, llevándote a la alegría, aceptación, soltándolo todo, acogiendo en tu corazón la paz, fe y amor en ese silencio donde sólo lo Divino se manifiesta... comprendes así que "Te Necesitas".

Porque de lo contrario, ¿cuánto tiempo más vas seguir sin aceptar lo ocurrido y mantenerte en la negación?

La clave está en: ¡confiar, creer y crear, todo un reto!

El único lugar donde todo es posible, donde estás realmente resguardada y cuidada, es dentro de ti.

Busca el tiempo para tus cuidados más esenciales, mímate, abrázate, trátate con cariño, date espacios de disfrute y recreación (estos son vitales, sobre todo en el contacto con la naturaleza).

Prueba un buen masaje, ir al cine, una buena obra de teatro. Te recomiendo ver películas que te hagan reír mucho, debes contactar nuevamente con la alegría. Un helado con una buena amiga, disfrutar de un bello atardecer, meditar, en fin, tener espacios de disfrute.

Ve tu imagen en el espejo y, conectada con tu respiración, profundiza el mirarte a los ojos, nuevamente respirando. Vas fundiéndote en un inhalar y exhalar. Te dejas ir hasta ver tu alma; verás qué hermoso es descubrirte, estás en el tránsito de...

¡Regresar a ti, tenlo muy presente!

De repente, un día cualquiera que comiences a sentir enfado o rabia con todo y con todos, con ese amor que ya no está, con la vida, o las circunstancias, se te repite a menudo la palabra injusticia y tus pensamientos se obsesionan con frases como:

"Dejé de vivir mi vida para vivir la vida de otro, lo que hice con mi vida y lo que permití, en la relación fui la 4x4 y llevé todas las cargas, me perdí en mí misma dando siempre de más".

Sientes frustración, desconfianza, se te acelera el pulso nada más de abrir paso a esa emoción y recordar los acontecimientos de lo vivido.

Respira, pisa ese escalón para que vivas esa emoción completamente y luego, cuando te sientas preparada, entonces sí, sube al siguiente peldaño.

Es importante que esto no te controle. Obsérvalo todo para poder comprender los para qué de todo lo que estás viviendo que te llevarán al Yo en transformación, no a los porqués que te dejan en la "pobre de mí que fui tan buena".

Sean cuales sean los motivos por los que se llegó a la ruptura es importante no buscar culpables y que ninguna de estas emociones sean capaces de dominar tus acciones, para así poder ver el grado de responsabilidad que tienes con lo que está sucediendo y ver ahora qué puedes hacer con esto.

La culpa es de flojos. En cambio, comienzas a asumirte y cambias la palabras culpa por responsabilidad... "Yo me hago cargo de lo mío".

Allí va a estar la ganancia de ver qué te está enseñando todo esto y, por ley evolutiva, evitarás que la lección se repita y tropieces nuevamente con la misma piedra y dirás:

"¡Es que siempre tropiezo con la misma piedra!" Culpo a la piedra y comienzo a ver que la piedra está allí para que yo aprenda algo de mí misma.

En momentos como estos es cuando más rabia e ira puedes destilar y cualquiera que se te atraviese pagará los platos rotos de tu malestar.

Cuando la rabia se apodera de tu vida y toma el control de tus pensamientos y reacciones cotidianas, entonces sí se puede ver como un problema.

Mas no desesperes, pues cuando llegues a la comprensión, también llegarás a la solución. Por eso justamente es tan necesario y beneficioso el trabajo personal, como también el considerarte, pues considerarte es tenerte en cuenta y reconocerte como alguien que existe y tiene un valor.

Esa consideración la puedes aplicar al hecho de no perderte en el universo de otra persona. Considerarte te ayudará a no dejar de realizar las cosas que verdaderamente te importan y te nutren como ser humano.

Te recomiendo que tengas tu propio espacio para que puedas escribir una carta de **limpieza emocional**, para liberar, eliminar y reconocer ese malestar, aprender de esa acción, de ese mensaje donde descargues todo lo que sientes sin censura, ni letra bonita y te permitas desahogar todo tu sentir reprimido. Ahí limpias toda la información que está en el inconsciente.

Escribe como mejor puedas hacerlo y utiliza este recurso como un peldaño para que no sigan invadiéndote la rabia o la tristeza. Ten en cuenta que todo sucede por un bien mayor, aunque no lo comprendas ni aceptes. Antes de terminar la carta finalízala agradeciendo la experiencia.

Una vez que la termines, no la leas, quémala y esas cenizas las puedes colocar en el jardín, una grama, al pie de un árbol,... Madre Tierra se ocupa de transformar y liberar ese dolor. Recuerda que todo es energía y con esto das inicio a un nuevo sendero.

Ahora ábrete a reflexionar. Lo que estás afrontando son emociones humanas, y se trata de entender cómo actuar en el momento en que se desencadenan y brotan, ¿desde qué lugar provienen? ¿Se han repetido en el pasado, qué edad tenías, cuál fue el escenario y con quién?

Es una oportunidad para identificar qué necesidades no estás cubriendo que te permitan estabilizar tu estado emocional, sin reprimir ni luchar, pues eso agota y también enferma, y es como un volcán a punto de estallar de la peor manera.

Cuando no sacamos esa rabia puede quedar apresada en nuestro plexo solar. Eso lleva a problemas de comunicación y comienzan las amarguras de lo no dicho a hacer lo suyo literalmente, llevándonos a retorcer del malestar. .

Se da paso a complicaciones como gastritis, colitis, gases, diarreas, contracciones musculares, aumento de la presión arterial, insomnio, disminuyen las capacidades y facultades cognitivas. Quiere decir que razonamos y pensamos peor. Aumentan sustancias como el cortisol y la adrenalina, que desequilibra la evolución natural del cuerpo, también el sistema inmunológico. Todo un sin fin de somatizaciones físicas que nos llevan a estar realmente mal.

Y no es que no tengas derecho a tener rabia, mas es una emoción que debe ser expresada, manifestada y lo que marcará la diferencia es la forma en cómo la expresas. Es importante que no sea destructiva ni para ti ni para tu entorno.

Lo mejor para sacar toda esa rabia e ira contenida es el siguiente ejercicio. Te doy tres opciones, escoge la que más vaya contigo. O realízalas todas; ¡quizás es mucho lo que necesitas descargar!

Ejercicios para ocuparnos de sanar la herida

1. Coloca dos sillas, una enfrente de la otra. Siéntate en ella y, energéticamente, sienta en la otra silla a esa persona que se fue sin aclarar.

   Ese ser que te traicionó, humillo o irrespetó, en definitiva, con quién tienes pendientes. Abre el espacio, ahí te desahogas diciéndole todo lo que quieres hacerle saber.

   Habla desde tu dolor y de lo que necesitas drenar. Una vez que termines, respiras, te sientas en la silla contraria y vas a hablar desde esa persona a ti.

   Si te centras en el ejercicio desde la verdadera intención de resolver, créeme que sentirás la diferencia, cambiará la energía y te ayudará a ver qué no ha sido sanado aún en tu interior.

2. Tomas un cojín. Vas a descargar todas tus emociones en él, es tu gran oportunidad de sacar ese inmenso dolor, ira, impotencia, rabia que están haciendo una bola de implosión dentro de ti.

   Será tal cual una forma de descargar toda tu mochila emocional.

   Luego de esto, da una larga caminata y si quieres trotar o correr un poco hazlo, y después una buena y relajante ducha. Te recomiendo hacerla con sales marinas y aceites esenciales.

Puedes hacer combinaciones con algunos de estos aceites esenciales y usar entre otros: menta, romero, eucalipto, limón, neroli, bergamota, melissa e ylang ylang, ayudarán sobre manera a fortalecer y restaurar tu campo electromagnético.

Esto también te llevará a ver el porqué atraes esta energía y a evolucionar en consciencia, pues la rabia es un fruto de tu propia creación.

Vas generando esas circunstancias que están a tu alrededor para hacerte y transformarte.

La rabia es un medio que te advierte que algo dentro ti no está siendo amado o reconocido. Tampoco con esto te estoy diciendo que eres culpable de lo que estás viviendo; esto forma parte de esos espejos que somos y que cuesta tanto integrar.

¿Qué está detrás de esa rabia?

Quizás allí se encuentre tu mayor lección. Recuerda que debajo del abono más pestilente brotarán las más hermosas flores y cosechas.

Te recomiendo, tras haber realizado ese ejercicio, no más de tres veces, tirar el cojín. Recordemos que todo es energía.

3. Escoge el árbol que más te llame la atención. Pídele permiso, hazlo con respeto, pero háblale con el corazón. Recuerda que estás conectando con Madre Tierra y eres parte de ella.

Siéntate a su lado, abrázalo, respira y siente su fuerza y energía. Puedes drenar tu dolor. Recuerda: respirar y exhalar con la boca abierta, así moverás todo lo retenido, y al exhalar por la boca estás liberando la memoria celular: llorar, desahogar, liberar.

Un árbol siempre tiene la capacidad de transmutar esas energías tóxicas.

Esperanza, responsabilidad y posibilidad...

Tras haber vivido negación, rabia, ira, tristeza, dolor, puede que comiences a sentir esperanza de que las cosas cambien a tu favor.

Poder abrir la posibilidad de renegociar la relación, buscar posibles soluciones o querer entender mejor lo sucedido hará que elimines aún más dolor.

Un mal acercamiento puede empeorarlo todo y en esa esperanza de volver es importante saber que ,de no recoger los vidrios rotos, al regresar sin haber hecho el trabajo previo con los pro y contras, responsabilizándose ambos de que llevó a la relación a este punto y de cómo se comprometen a cambios positivos y equilibrados, se harán aún más daño, con un alto índice de que se repitan los mismos errores y caer aún más hondo.

Ahora, el asumir tu cuota de responsabilidad en lo sucedido te sacará de ese espiral de víctima inocente sin manipular, chantajear, idealizar o de hacer proyecciones en tus relaciones, haciéndote cargo de ti y cuidando tus espacios. Recuerda que quien se tiene a sí misma siempre podrá salir adelante en la vida. Hasta el último suspiro serás tu mejor o tu peor compañía.

No debes insistir ante una persona que no te demuestra que te quiere, el amor pertenece a las manos que lo cuidan.

Cuando no eres prioridad y todo se vuelve una excusa, no es falta de tiempo, es falta de interés. Quien no demuestra lo que siente, termina perdiendo lo que quiere. Entonces, ese no es, no pierdas más tiempo. Si lo analizas en frío, comprenderás que no te daña lo que te hace falta sino la creencias de lo que necesitas.

Brenda, muy pensativa y aún muy revuelta, me hace una pregunta:

—¿Por qué luego de pasar por todas estas etapas llega la tristeza? Es una sensación espantosa donde sientes que se te pegó de la piel y ¡no hay cómo arrancarla!

Veo que está conectada y en sintonía, eso me gusta pues me indica que está haciendo el trabajo, mas también me fijo en su lenguaje corporal. Está encorvada y respirando deprisa. Le hago un gesto y le doy indicaciones. Ella las va siguiendo en su movimiento, se reacomoda y cuando logra estar más conectada con su cuerpo y respiración, le respondo:

—La tristeza llega porque, cuando hemos transitado por la negación, la rabia, la esperanza, allí, justo allí, se asoma la tristeza, pues cuando nos hemos topado con todas estas situaciones desde un punto de vista donde hay una aceptación que no es total, porque por momentos todavía queda la ilusión de creer que podremos volver con esa persona, entramos en la tristeza, en nostalgia y en melancolía de recuerdos. Es la sensación de pérdida lo que pesa; sin embargo, es importante saber que no es fácil salir de aquí y que se requiere de tiempo, dedicación y profundización.

También de paciencia contigo misma, con tu herida y de lo que ella pueda supurar para luego cicatrizar.

Permítete llorar. Duelo que no se llora no se supera y esas lágrimas forman parte de la transformación, sin culpa ni juicio. Es una etapa de llanto que, como todo, también pasará.

Y esa cicatriz será el punto de referencia de algo ya superado que se puede recordar sin drama, y que te lleva a la referencia de sabiduría de una lección que cambió tu vida y te integra con el camino andado.

Pueda también que en tus reflexiones te preguntes el porqué has atraído a tu vida a una persona con miedo al compromiso.

Si este es el caso, ampliando el panorama te muestro algo que quizá no has visto, pues es más fácil ver lo negativo del otro, mas no hago la tarea de ver qué es lo que esto me muestra de lo no integrado aún en mí.

Ese miedo al compromiso en el otro, que merma nuestra autoestima y confianza a lo que nos invita es a trabajar nuestra fe, confianza en nosotros mismos y nuestras propias capacidades para romper este patrón y tener resultados diferentes para lograr el equilibrio y la estabilidad desde el trabajar tu autoestima y valoración personal.

¿Te has planteado que quizá sea necesario el dolor que estás atravesando para poder entender la lección desde otra dimensión?

¿Y que con esa fuerza crees la realidad que deseas?

Una mujer sólo es capaz de perdonar cuando puede recordar lo que sucedió sin que duela.

Mientras duela, pasa factura. El retener el pasado, recordar y revivir una y otra vez, mantenerte en resistencia es estancarte. Por eso permitirte vivir estos tramos serán de vital importancia.

Ahora, te invito a activar en tu vida la alegría.

Que varias veces al día hagas el ejercicio de buscar en tu memoria momentos, personas y cosas de tu vida que te han dado alegría y felicidad y mantenlo por varios minutos. Puedes incluso acompañarlos con música.

Luego, respíralos y exhálalos. Quiero compartir contigo esta frase que en significativos momentos de mi vida me ha dado mucho ánimo para continuar ante aquello que aún no veo. Un día me la dio mi padre; es un fragmento del bello poema "INVICTUS", del poeta Inglés William Ernest Henley, para hacerlo posible en ti:

"Soy el amo de mi destino...

Soy el capitán de mi alma"

¡Respira la profundidad de esta frase!

Esto te lleva a la aceptación que te ayudará a elevarte por encima del dolor emocional y te dará una buena dosis de acción para seguir hacia adelante, haciendo tu trabajo con constancia. Tus mejores recursos los tendrás de la mano de la perseverancia, afectividad y voluntad pues te darán firmeza interior. Con un corazón apaciguado y con fuerzas para eliminar de tu vida todo lo que te conecta con esa persona, cartas, fotos, regalos, mensajes,... así abres espacios para dar cabida a lo nuevo.

Verás qué alivio tan grande se siente al comenzar a adquirir nuevos hábitos de vida en lo que es tu regreso a ti misma y mejorar tu imagen o condición física, pues lo que más suele suceder es que nos abandonamos. Así que decidir programas como bailar, yoga, caminar, ir a la playa, practicar algún deporte combinado con tus hábitos alimenticios será vital.

También lo será ese encuentro sagrado con lo supremo, como tú lo concibas, ese espacio de conversación con Dios que llamamos oración, esa que sale del corazón y fortalece el espíritu, con ímpeto ante la adversidad.

Ahora puedes empezar a trabajar con afirmaciones y con el poder de la gratitud que poco a poco comienza a llevarte a la comprensión de todas esas situaciones vividas.

Ten en cuenta que todos los seres humanos somos herramientas de un proceso mayor que nos llevan de tramo en tramo a grandes aprendizajes.

Así, desde tu corazón, comienzas a agradecerlo todo desde la pareja, la relación que no funcionó porque has madurado dentro de tu propio espacio interior para cuidar de ti, amándote, respetándote, evitando juicios y autocrítica. Te liberas para crear tu realidad y volver a florecer.

Con la pareja se despiertan todos los traumas, por eso atraemos a las parejas que necesitamos, para aprender a ser verdaderamente felices, para conocernos, transformarnos y evolucionar, para que esa semilla pueda germinar y florecer.

¡El Amor de tu vida está dentro de ti!

CAPÍTULO IV

Cuando hay desorden y dejamos puertas abiertas, mirar hacia atrás duele

Cosechas de amor

No importa si funcionó, lo importante es que lo intentaste. Es ahí donde el AMOR vuelve a tomar sentido, dirección y motivo.

¿Por qué lamentarse cuando no fuiste correspondido?

¿Cuándo no te amaron como tú esperabas? ¿Cuándo no pudo ser para ti?

¿Por qué lamentarse cuando creaste magia? Cuando tu ser dio lo mejor de sí, cuando entregaste hasta el último suspiro, cuando descubriste que tenías tanto por dar que se estaba quedando pequeño donde guardarlo, que ya no cabía en tu corazón y diste y repartiste sin dudar.

Por qué sufrir cuando se te ha dado la oportunidad de amar, cuando has experimentado lo más hermoso que Dios ha podido crear para ti.

Por qué sentir infelicidad de aquello que te ha hecho más grande, más humano, más consciente gracias al sufrimiento, a la soledad, al desamor que llegó de la mano y también te abrazó, pero en tu dolor pensaste que solo quería hacerte daño.

Debes agradecer cada relación.

Cada ciclo.

Cada historia.

Si funcionó, si dolió, si valió la pena el amor, la dicha o el llanto ya no importa, porque has explotado cada partícula de amor y placer que habitaba en ti, has plantado tu semilla en campos donde quizá no deberías sembrar, pero te diré algo:

"Las cosechas de amor siempre dan fruto en el invierno menos esperado".

Fuente: Kok – Uhga.

Mis amores

Honrando parejas previas, dando el impulso al próximo escalón.

Podemos ver la importancia de la jerarquía, después del gran trabajo realizado desde el origen. Ahora sí puedes actualizar espacios de vida y ocuparte de lo que te trajo a terapia y te movió el piso... ¡La pareja!

Brenda se ríe con picardía. Está más relajada y entusiasmada, mas también a la expectativa de lo que viene con los hombres que han pasado por su vida.

—Para que podamos estar en una relación sana de pareja es sumamente importante el orden, sólo así abrimos la posibilidad a que el amor fluya. Muchos desconocemos estas leyes y ahora ponerlas en práctica y respetar ese orden aportará mucho en nuestras vidas y a nuestro entorno.

»Vamos a detallar estas leyes...

Los Órdenes del Amor en la Pareja

Para que una relación de pareja se mantenga, el amor no es suficiente... hace falta respetar el orden que permita que la relación fluya en equilibrio.

1. Amar al hombre y la mujer

   Desde la mirada sistémica, sólo se percibe una relación de pareja cuando el hombre quiere a la mujer como mujer y la mujer quiera al hombre como hombre, y no por otras razones como por ejemplo:

   - Mantener un estatus.
   - Seguridad económica.
   - Diversión.
   - Compromiso.

2. Orientados a terceros

Sólo como padre o como madre se sienten como hombre y mujer.

Es una muestra visible para todos, de la consumación del amor de la pareja. Aunque el amor como pareja preceda al amor como padres.

- Cada característica que aman en el padre, también la aman en el hijo.
- Cuando se marchita la relación de pareja... también se marchita la relación como padres.

- Todo respeto, amor y apoyo que los padres logren hacia el otro en la relación de pareja, también lo lograrán hacia el hijo.

Cuando su amor como padres hacia el hijo continúa y corona su amor mutuo, su hijo se siente visto, tomado, respetado y amado por ambos padres, sabiéndonos en orden.

3. La consumación

En la consumación del amor se muestra la superioridad de la carne sobre el espíritu a través del instinto. Ningún acto humano nos aporta tan dichoso placer, y en consecuencia, tan amoroso dolor. Ningún otro tiene consecuencias más graves ni riesgos más abundantes.

¿Cuándo no se crea o se rompe un vínculo?

- Cuando no hay sexo.
- Cuando se han esterilizado.
- Relación platónica.
- Ante un aborto.

4. Vinculación con antiguas parejas

Una segunda relación de pareja se logra cuando el vínculo con la primera pareja es reconocido y valorado, y cuando los nuevos compañeros saben que siguen pospuestos a los anteriores, y en deudas con ellas. Reconociendo que un vínculo como en la primera relación es imposible para ellos.

Cuando hay hijos previos, la nueva pareja ha llegado más tarde y los hijos de su pareja están antes que ella, es decir, tienen prioridad.

En una segunda relación no se siente tanta culpa al finalizarla, porque la vinculación es más débil.

5. Renunciar al primer amor

   Para hacerse hombre, el hijo tiene que renunciar a la primera mujer en su vida, es decir, a la madre.

   Y para hacerse mujer, la hija tiene que renunciar al primer hombre de su vida, que es su padre.

   Cuando el hijo del padre se casa con la hija de la madre, tienen más posibilidades de formar una pareja estable.

6. Dar y tomar por igual

   Dar lo que tienen y tomar lo que les falta. El hombre se da a la mujer y la toma como mujer; y la mujer se da al hombre y lo toma como hombre.

   La relación entre hombre y mujer implica que ambos reconozcan su igualdad de derechos.

   Se debe dar un intercambio en el que ambos den y tomen en la misma medida.

7. La mujer sigue al hombre

   La mujer sigue la familia del hombre a su país, a su círculo, a su lengua, a su cultura y también asiente a que los hijos también le sigan.

   A menos que haya destinos graves en la familia del padre.

   En contrapartida, el hombre sirve a lo femenino.

El hombre y la mujer se hallan a un mismo nivel, y el intercambio de su amor como hombre y mujer se logra y continúa...
Si su dar y tomar, también en otros ámbitos se compensa y se complementa tanto en lo bueno como en lo malo.

Bert Hellinguer

Es muy importante verificar que estos órdenes se cumplan, pues cuando no se cumplen hace que se generen conflictos en la relación de pareja. Sin bases sólidas, el no tener una buena estructura hará imposible el resto para edificar un buen amor.

La relación con nuestros padres nos marcan mucho, por eso es tan importante trabajar esa relación con papá y mamá, pues eso nos permitirá estar más presentes en nuestra relación de pareja.

Y hablando de relaciones creo importarte exaltar esta frase del Maestro Hellinguer que nos llevará a una mayor comprensión.

Cuando el comienzo del amor es logrado, también se logra el amor que viene luego.

¿Dónde empieza nuestro amor? ¿Dónde experimentamos el primer amor y el más profundo?

Con nuestra madre. Con ella comienza el amor, con ella comienzan nuestra relaciones.

Parejas previas

Todo lo que está fuera que no nos gusta nos está mostrando lo que está dentro de nosotros aún sin resolver.

Hay seres que llegan a nuestra vida dándonos la oportunidad de ir hacia dentro y encender luces en lo que aún son sombras en nosotros; y estos seres son nuestras exparejas.

Esos espejos son una gran oportunidad de evolución y, de no hacerlo, quedan como fantasmas que a veces se asoman para recordarnos que no hay nada más presente que lo ausente y que de nada sirve pretender huir, e incluso colocar distancia de por medio, cuando aquello de lo que huyes lo llevas dentro y te seguirá a donde vayas.

Honrar y agradecer lo vivido, hasta con aquella pareja que fue la peor experiencia y de la que no deseas ni siquiera recordar, y del que tienes el peor de los conceptos, da la oportunidad de abrir espacios más sanos con un nuevo amor, pues con la energía que cierres una relación abrirás la próxima.

Por eso es tan importante ocuparte sobre cómo salir de una relación.

Ahora que sabes esto... ¿ves la importancia de los cierres de ciclo?

Somos expertos en abrir la relación (Esto es la conquista), luego en desarrollarla (Esto son las vivencias), pero la gran mayoría no sabe cerrarlas y deja cabos sueltos y terminan por mensaje

... o peor aún, dejan entendiendo a la otra persona, simplemente desaparecen sin explicaciones, ni despedida. Ahí vemos una actitud infantil de evasión y escape, pues son los niños los que no saben resolver. Un adulto soluciona y da la cara a la situación asumiendo su parte.

Esto hace que quedemos con heridas abiertas y mucha desconfianza. A veces somos inconscientes de esto y nos impide que se pueda recordar bonito lo vivido, pues en realidad, no todo fue malo.

Esto es como dejar cuentas pendientes por pagar, lastres muy pesados que impiden el avance, con ligas que tensan demasiado y arrastran nuevamente a las mismas dinámicas e impiden poder estar al cien por ciento en una nueva relación.

Y decir SÍ a todo lo que sucedió en el pasado con los ex, se convierte en una fuerza para caminar en el presente con una futura pareja con respeto e igualdad.

Si no has cerrado una relación, bien sea porque no supiste cómo hacerlo, porque te dio miedo, culpa, confusión, odio o la arrogancia de creer tener la razón, o porque murió y aún te cuesta dejarlo partir, la invitación es comenzar a honrar con humildad y agradecimiento lo que estos seres vinieron a mostrarte, ni más ni menos que todas las dinámicas no resueltas de tu historia familiar.

Esto nos lleva también a una gran reflexión y es que...

¡Se aprende más de la gente por cómo se va, que por cómo llega!

Entonces, la pareja viene a ser un rompecabezas perfecto de lealtades a los sistemas de origen, padres, abuelos, bisabuelos y tatarabuelos, desde profundos e inconscientes movimientos de amor, aunque a veces sea un amor que dañe en lugar de sanar.

Ordenando amores...

Este punto es muy bonito y conmovedor para mí. En todos mis años de dedicación al trabajo terapéutico de acompañamiento a una mujer a honrar su historia ha sido un honor, un privilegio que me ha enseñado mucho, ver todas las emociones que salen a flote.

En sus expresiones brotan gestos, asombros, lágrimas aún con reclamos, suspiros, recuerdos entre resistencias y risas, pero al final del trabajo sale una mujer valiente y crecida, llena de mucho alivio, sobre todo agradecida con esos amores a los cuales se permitió ya soltar, dándoles un lugar especial en su corazón.

—Así que, Brenda... vamos, cariño, a echarle ganas para ordenar estos recuerdos que aún se asoman como fantasmas en el presente.

Con una cara llena de nostalgia, me sigue escuchando.

—El ordenar nuestras historias con parejas previas y el despertar tiene que ver con las responsabilidades y consecuencias que estás dispuesta a asumir allí es donde está la elección.

»Ahora te pregunto: ¿Desde dónde lo vas a hacer?

»¿Desde tu conciencia, asumiéndote al 100%? ¿O desde las carencias de víctima impotente y el "pobrecita yo, que soy tan buena y siempre se aprovechan de mí"?

—¡Desde mi 100%! ––me responde de inmediato.

—Recuerda que ser víctima es no querer resolver, y por eso lleva una colección de historias rayadas y repetidas por no quererlas mirar, honrar e integrar.

»El despertar implica dejar de ser inocentes, asumir la culpa que viene como consecuencia de querer ser desleales a los patrones familiares que nos invitan a repetir historias anteriores, implica elegir y pagar el precio de nuestras elecciones.

»Y una vez despiertos, ya no podemos usar lo que sucedió antes en la familia como excusa para repetir destinos o sacrificarnos en nombre de otros.

»Por eso, despertar implica valor, hacerlo diferente. Al final, siempre se trata de agradecer y asentir a lo que la vida nos da, a lo que buscamos y a lo que nos busca.

»A veces, cuando buscamos respuestas en los problemas que nos agobian y que parecieran repetirse una y otra vez, lo que encontramos son excusas, justificaciones de nuestra historias para librarnos de la responsabilidad de nuestras elecciones.

»Es más fácil decir: "Bueno, es que yo vengo de una historia de bisabuela, abuela y madre solas, entonces eso justifica que yo tampoco logre consolidar nada en pareja".

»En vez de tomar esto como punto de fuerza para ordenar y honrar mi linaje y hacer algo que valga la pena para liberar y desatar todos esos nudos de dolor, abuso y abandono acumulado en el útero de las mujeres de mi sistema para que sea transformado en sabiduría infinita y ahora, me doy la opción de decir:

»"He elegido estar sola en lealtad a las mujeres de mi sistema familiar que no pudieron quedarse con sus hombres..."

»O por el contrario, decir:

»"He elegido hacerlo diferente y quedarme con el hombre que amo a pesar del dolor que las mujeres de mi familia vivieron a causa de sus hombres y me abro a estar en pareja en honor a ellas".

»Es importante saber que lo que no resuena en los padres, aquello que no resolvieron, los hijos lo toman con amor ciego para sí mismos, y por eso aquello que no está resuelto también nos busca y la pareja es el vehículo para mostrárnoslo.

»Ahora la gran pregunta es: ¿Estás dispuesta a mirar el espejo?

»Y si ya te has dado cuenta de algo, qué vas hacer al respeto, ¿qué elecciones vas a tomar ahora?

»¡Recuerda que sanación es acción!

»Cuando cada miembro de la pareja se hace responsable de llenar sus espacios vacíos, es más fácil el encuentro y se construye el puente que hace posible una relación de pareja saludable.

"Tus exparejas te muestran tus limites

Para poderlos superar".

»Así, podemos concluir que la vida está hecha de providenciales encuentros y desencuentros que llamamos "coincidencias".

»Ahora, el siguiente paso es hacer un trabajo en un profundo amor y respeto a lo vivido con las parejas previas.

»Este ejercicio lo puedes realizar en tu intimidad, conectándote con tu decisión y determinación de crecer como mujer, de ocuparte de limpiar esas heridas que te impiden un presente pleno. Cuando estos trabajos los hacemos desde la sinceridad y humildad más grande, ocurren milagros y todo nuestro ser se renueva.

Ejercicio de reconciliación con exparejas

Vas a encender una vela, colocando la intención de sanar y activar en ese fuego que transmuta, la fuerza de actualizar espacios de vida y cerrar puertas que nos llevarán, sin cargas, a otros espacios llenos de más posibilidades.

Puedes hacer una oración y verlo como un momento sagrado.

Luego, tomas una hoja de papel y vas a comenzar a escribir en cronología (en orden) las parejas que has tenido, desde tu primer amor, hasta el último.

Si has reincidido con alguna pareja, la vuelves a colocar y la resaltas. Eso te permitirá ver con más claridad tu manera de relacionarte y al haber menos drama puedas observarte más objetivamente para ver tus debilidades. Si hay alguno del que no recuerdes su nombre, pero recuerdas su apodo o que tenía, por ejemplo un auto rojo, colocas entonces "auto rojo".

Es un trabajo minucioso, pero potenciador y liberador.

El hacer esta honra en cada uno, reconociendo lo bueno y lo no tan bueno, es ver cada aprendizaje de lo que cada uno te dejó.

Como el escalón que te llevó a tu siguiente experiencia, y han hecho de ti la mujer que eres hoy, también te lleva a un amor que redescubres en ti. En esa capacidad de amar que nace de tu interior, así el amor propio te hace mirar hacia adelante. El Maestro tiempo hace lo suyo para curar todas las heridas.

El hacer este trabajo con un examor es motivo suficiente para guardarle todo el respeto que necesitas para cerrar cada capítulo de tu vida, tomándolo como impulso hacia tu propio amor. Por eso reconocer lo que es, sin quitar ni poner, y agradecer es la magia más grande.

Cuando tengas listo el escrito con los nombres, vas a visualizar uno a uno a cada expareja, (insisto, es un momento sagrado, coloca toda tu fuerza, respeto e intención de avanzar, sin odios, ni reclamos) parte de la premisa que nadie puede dar lo que no tiene y luego para el cierre dices:

> **“De lo que hemos vivido tú y yo, yo asumo el 100% de mi responsabilidad y dejo contigo tu 100% y te libero. ¡Tú con lo tuyo... y yo con lo mío! Te llevo en mi corazón.**

Si sientes que deseas decir algo más en particular a alguno, o a cada uno, según sea el caso, hazlo siempre conectada con tu respiración, inhalando y exhalando. Busca en qué parte de tu cuerpo hay más sensación o emoción, vuelves a respirar y fluyes.

Con la llama de la vela puedes quemar el papel y dejar que la vela se consuma. Estas honrando lo vivido. Luego, esas cenizas las colocas en un jardín, río, mar o al pie de un árbol. Así vas actualizando espacios de vida.

Ahora puedes comenzar a visualizar de tu lado derecho un espacio abierto y disponible para una pareja, con la responsabilidad y la consciencia de seguir trabajando en mantener alta tu vibración por aquella premisa que dice:

¡¡De acuerdo a cómo piensas, sientes, cómo sientes vibras y cómo vibras... atraes!!

Amores imposibles...

Venimos de tantas historias, de tantos secretos, de intentos fallidos, cobardías que se pagaron a muy alto precio, deslealtades, convencionalismos sociales, corazones rotos, dolores ahogados en lo más profundo del alma de nuestros ancestros, que no sólo son nuestras historias.

El poder honrar aquello que no pudo ser, aun con el dolor que implica, da paso a la posibilidad.

En todo lo que representa ordenar nuestra historia, este es un tema, con aquellos amores donde no se concretó la relación y quedamos idealizándolos eternamente que queda en lo sublime.

Puede darse el caso que venimos de una mamá que tuvo un gran amor, mas no fue el hombre con quien se quedó. Quizá la historia puede venir aún de más atrás.

Mirar a este hombre y esta historia será fundamental, pues gracias a que salió de ese espacio, papá ocupó ese lugar y tú naciste. Honrar su dolor, aquello que no se logró y dejarlo con los grandes (Tus padres).

Honrar a su vez a esas mujeres que quedaron solas en el sistema, a las enjuiciadas, criticadas...

Se da también el caso de hombres que le colocan a una hija el nombre de una amante, o de una mujer que amó mucho, mas no fue con la que se quedó.

Honrar a esas mujeres excluidas, señaladas, enjuiciadas, olvidadas, te dará fuerza. Mira su dolor y dales un lugar, dejando todas estas historias con los grandes para que tú puedas ver la vida.

CAPÍTULO V

Dos casos de la vida real

"El ser humano es como un albergue.
Cada mañana llega alguien nuevo.
Este es una alegría, este otro es tristeza,
allí viene la mezquindad,
y aquí una chispa de comprensión.
El pensamiento oscuro, la vergüenza,
lo malicioso,
puedes encontrarlos a la puerta, sonrién-
dote;
invítalos a entrar.
Sé agradecido con quien viene,
porque cada uno ha sido enviado
como un guía desde el más allá".
RUMI

La historia de Laura

(Caso de la vida real)

Un día llega Laura a consulta.

Ya anteriormente la había atendido. Siempre sus terapias quedaban a medias, se perdía y regresaba cada vez que tenía problemas, mas en esta oportunidad vi ese brillo de dolor en la mirada que te emplaza. Hablando muy pausado, vino con la convicción de hacer con disciplina todo su proceso terapéutico.

Laura era el dolor de cabeza de su madre, llevaba una vida muy agitada llena de informalidad, desorden, apatía, enfocada en pasarlo bien.

Se topó varias veces con relaciones sumamente tóxicas, llenas de extremos y riesgos. Tenía una debilidad, hombres casados o con pareja estable. Vivió escándalos y amenazas de todo tipo, encuentros con la policía, despechos, reincidencias y pare de contar.

La última experiencia que vivió fue tan fuerte que la llevó a tocar fondo y querer pedir ayuda:

—Ahora sí es verdad que haré mi trabajo hasta el final. Ya me cansé de vivir esto una y otra vez, quiero poder tener una relación sana y estable.

Comenzamos el proceso y, dejándome llevar por mi intuición, detono el primer hilo con una pregunta:

—Laura, ¿qué sabes de las historias de tus abuelitas?

Tras una larga conversación en la cual fui armando todo su genograma, quedó la tarea de indagar más al respecto.

Y en esa sincronía que va tejiendo los hilos del destino, pasadas varias semanas, llega un día muy contenta a consulta contándome que su madre estuvo de viaje (son de origen europeo) y había encontrado en casa de la abuela un libro sobre la historia de la familia, el cual apareció de la nada, pues nadie sabía de su existencia y se lo trajo consigo de vuelta.

Aquí podemos ver cómo cuando estamos realmente dispuestos a salir adelante y resolver, nuestra alma lo ve y nos asiste, comienzan a suceder cosas impresionantes que la gran mayoría llama casualidad, y bien sabemos que la casualidad no existe.

Este tipo de cosas suelen suceder con mucha frecuencia cuando decidimos conectar con ese campo más grande que lo contiene, nos apoya, vamos ordenando y todo comienza a moverse en consecuencia.

Así llega la asistencia y abrimos camino a la comprensión y, en automático, a la solución. Vivimos situaciones que vemos como mágicas sin tener conciencia que ¡la verdadera magia eres tú!

El hallazgo que se hizo fue impresionante. Laura viene de una bisabuela que, en una aldea remota, se enamoró del cura del pueblo y quedó embarazada. Debido al escándalo que se armó, tuvo que salir de allí para otro pueblo y tuvo una niña, que fue su abuela. ¡De esa historia viene Laura!

Para el común denominador de las personas que conocían a esta chica, ¿qué decían de ella? Que era una cabeza loca, irreverente e irresponsable.

Lo que no se sabe, y de lo cual ni ella misma tenía consciencia, era que a partir de esta historia, se formó un nudo a raíz de esa exclusión de cuatro generaciones atrás que llevaba una impronta familiar en los códigos genéticos del sistema de Laura. Una que dice que:

"El amor está en lo prohibido"

Ella no tenía manera de hacerlo diferente.

Y aquí podemos ver la fuerza de las lealtades en amor ciego y es ahí, justo ahí, cuando llegas a la comprensión que brota la compasión.

Podía aparecer un hombre guapo, de los que llaman un buen partido, soltero y con muchos atributos, pero a Laura para nada le llamaría la atención. En cambio, se le insinuaba el hombre casado o con compromiso y se derretía de amor y sucumbía ante la tentación.

Esto, en sistémica, es lo que llamamos el mal amor y es ese amor que no suma, donde te desgastas y por más que hagas es imposible crear una buena base para establecer una relación por el desorden donde nace. Algo parecido a nadar y nadar y, aun así, ahogarte estando en la orilla.

Puedo decir que el proceso de transformación en esta chica fue tan sorprendente como la historia que la antecede.

Comenzó a ser más ordenada, estudiosa, cumplía con sus compromisos y horarios, mejoró su comunicación y trato con su madre.

Tanto que en su propia empresa le confió un cargo importante, en el cual se desempeñó muy bien. Comenzó a verse cada día más hermosa con un brillo único en sus ojos.

Hicimos una constelación donde, al comenzar a incluir, mirar y honrar la historia junto a sus bisabuelos, se sentía en el aire la compasión, el amor acompañado de alivio y alegría.

Eventualmente, nos manteníamos en contacto y, pasados dos años, me presentó a su novio, con el cual posteriormente se casó.

Y para honrar esa historia de sus bisabuelos, decidió viajar a Europa y casarse en la misma Iglesia donde se originó toda esta travesía, pidiendo la bendición a sus ancestros y a sus padres para hacerlo un poquito diferente.

En efecto, cumplió la promesa que se hizo a sí misma de hacer todo su proceso terapéutico y yo tuve el honor de guiarla.

Fue hermoso y conmovedor para mí ver a esa preciosa mujer

vestida de novia conducida por el brazo de su orgulloso padre al altar y es lo que hace que ame tanto mi oficio como terapeuta y lo que le da sentido a lo que hago.

Nancy, cuando el amor se entierra vivo

(Caso de la vida real)

Nancy es ese tipo de chica que nunca puedes olvidar. Dulce, alegre, con todo un derroche de sonrisas y buen humor.

Para ese entonces, estaba recién graduada, con una vida muy cómoda y bonita, con dos hermanos y ella la mimada de papá, con todo un porvenir por delante y muchos sueños por hacer realidad.

Y aunque muy enamorada, comenzó a tener problemas en su relación de pareja por los celos y agresividad en momentos inesperados de su novio.

Él, reconociendo su comportamiento, decidió ir a terapia y trabajar su parte reconociendo esa falta de seguridad en sí mismo y en su pareja para salvar la relación. Y aunque vivía en otra ciudad cercana, no escatimó esfuerzos en viajar especialmente para asistir con puntualidad.

En el proceso, pudieron darse cuenta ambos de los maravillosos espejos que nos da la pareja para ver aquello que aún no hemos integrado.

Al final, con asombro y admiración, ella pudo ver cómo él le mostraba los mismos rasgos no integrados de su padre, y él pudo reconocer tramos llenos de dolor y de abandono al haber vivido una infancia sin su madre. En medio de los avances que tuvieron, la relación se fue nutriendo y desarrollando.

Tiempo después, Nancy comenzó a pasar por momentos muy difíciles, pues la salud de su padre se agrava, complica y muere. A su vez, ella queda embarazada y pierde al bebé. Cae en una profunda depresión, hubo una cantidad de desencuentros entre ambos y ella decide terminar tajantemente la relación.

Lo rechaza por completo, se niega a verlo apartándose de él y cerrando cualquier posibilidad de diálogo. No hubo un adiós, un cierre, una explicación.

Nancy dio giros radicales a su vida. Cambió de ciudad, creció muchísimo profesionalmente y, tiempo después, conoció a un chico y hasta comenzó una nueva relación.

De lejos, por las redes sociales, observaba sus vidas. Él se veía siempre sólo, en fiestas, viajes, pero sin un norte definido. Ella, a pesar de su nueva relación, se veía vacía, había algo que faltaba.

Nancy, por su parte, se mantenía en una búsqueda que ni ella misma lograba definir. Algunas veces me llamaba y siempre hablaba con un dejo de nostalgia.

Así transcurrieron 7 años.

Un buen día, el destino hizo lo suyo y los puso frente a frente. Fue como si no hubieran pasado los años. Volver a verse fue encender con más fuerza que antes la llama del amor y la pasión que los unió años atrás y, ahora, incluso con más fuerza, ambos valorándose mutuamente aún más, abriéndose a la oportunidad de aclarar lo no dicho, de asumir sus responsabilidades en vez de señalar.

Lo bonito es que apenas sucedió ese encuentro fortuito donde la vida los volvió a juntar, lo primero que decidieron hacer ambos fue llamarme para darme la noticia. Sus caras eran todo un poema, llenas aún de asombro y de sorpresa. Les costaba creer que estaban juntos nuevamente de esa manera.

No tardaron en pedir terapia y hacer, ahora sí, cada uno su trabajo personal.

Qué hermoso es ver el proceso de transformación de dos seres que se dedicaron con ahínco a mirar y honrar sus historias, con aquello que duele y no se le quiere dar un lugar, con lo que cuesta asumir y da vergüenza, con los lastres de la inmadurez e inseguridad. El darle también un lugar a ese bebé que no nació, asumir sus errores, rendirse ante aquello que se vivió tal y como fue para así al ordenar dar la posibilidad de entrada al amor.

Ya con más madurez, y con deseo de compromiso mutuo, llegó la segunda sorpresa. Un día, al amanecer, me enviaron una foto con los resultados de una prueba de embarazo... ¡Un bebé venía en camino, se hizo presente el fruto del amor!

Fue una hermosa niña. Aún les queda un gran camino por recorrer. Ellos seguirán escribiendo su historia, motivos e inspiración para avanzar. Tienen de sobra, cuentan con todas las herramientas.

La vida misma se encargó de enseñarles la gran lección, aprender la importancia de cerrar ciclos, crecer ante la adversidad y reconocer que, en un momento de crisis, tú decides...

"El camino te transforma o te trastorna".

CAPÍTULO VI

Dando los primeros pasos...

Avanzando, la perseverancia da sus frutos.

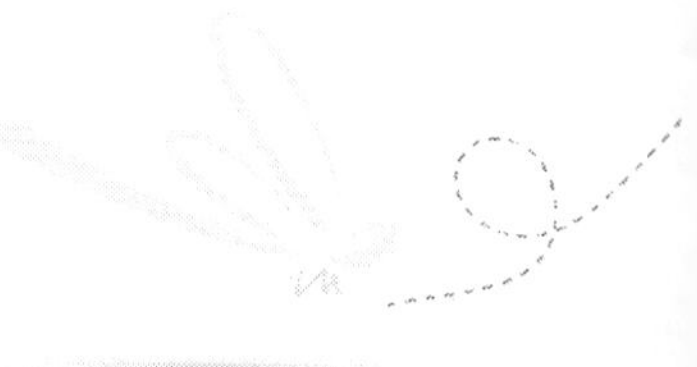

Hacer algo grande con lo que me tocó vivir.
“Resentimiento y arrogancia entrelazados.
Ódiame o ámame, ambas están
A mi favor.
Si me amas, siempre estaré en tu corazón,
si me odias, siempre
voy a estar en tu mente”.

William Shakespeare.

Abrazando la fuerza de la rendición

Ceder sin oponerme al flujo de la vida...

El tener la rendición como un recurso en tu vida es vital y el saber cuándo activarlo más aún, Brenda.

Inmediatamente me hace la pregunta:

—¿Y cómo sé cuándo debo entrar en rendición, qué me lo muestra?

—Sabrás el momento exacto para darle entrada a la rendición en ti cuando más altos estén el ego y la arrogancia abrazándote ––le respondí.

Brenda me mira queriendo memorizar estas claves y continúo:

—Hay un ejercicio que me enseñó un querido y recordado Maestro y viene de San Juan de la Cruz que decía:

"En momentos como estos, ponernos de rodillas, literalmente, con la frente en el suelo, pues de ese modo el corazón queda por encima de la razón y allí el ego no puede hacer nada. En esa posición, acompañada con la respiración, al soltarlo todo entramos en humildad. Lo vas caminando en ti".

»Puede que, eventualmente vuelvan a asomarse a tus heridas de mujer el abandono y los miedos que te mantienen en una negación y resistencia.

»Te llenas de dolor, resentimiento, te enfocas en los malos recuerdos que abren una vez más la herida para volverla a desgarrar. Eso hace imposible que cicatrice y así, del dolor, te estancas en el sufrimiento, el cual no viene de lo malo, sino de lo dividido, teniendo el riesgo de quedar en ese tramo sin resolver.

»Rendirte es estar en el momento presente, sin resistirte a lo que es. Sabe Dios cuántas lágrimas se tuvieron que derramar para poder hoy llegar a esta sabia comprensión y, en lo profundo de tu interior decirte a mí misma, ¿cómo no lo comprendí antes?

»Había proyecciones en ti, ¿cómo no las viste?

»Ahora caes en la cuenta de que el lobo que proyectaste en los hombres solo era la sombra de tu propia herida con tu padre.

»Puedes empezar a entender tantas cosas que vas entrelazando las imágenes, los tiempos, los personajes,... Todos, de algún modo, te conectan con lo que tanto te cuesta tomar.

»Y cuando las cosas, emociones y pensamientos se integran, es decir, se unen, llega la paz, pues hay aceptación en tu interior.

»Es allí donde podemos hablar de sanación, de serenidad y finalmente de realización.

»Los encuentros con la sombra son rudos e intensos y requieren de mucho coraje. Es como si un buen día, sin más, decides hacer el amor con tus sombras y comienzan éstas a transformarse en bendiciones, que al soltarlo todo, nos llevan a más humildad.

»Son como esas patadas de ahogado que, después de tanta lucha y agotamiento, quedas en quietud. Y es ahí donde tu humanidad empieza a flotar porque soltó la resistencia que equivale a esa brecha entre lo que la mente pretende y lo que es.

»Justo en este punto es cuando comprendes que rendición no es resignación. Comienzas a liberar la rigidez de pensamiento, a aceptar lo que es y simultáneamente también vas soltando y relajando tu cuerpo que, como un todo, se contrae, ya que el cuerpo sigue la mente.

»A través de tu conciencia, conectas el ser con el hacer y la calidad de lo que vas creando mejora, aceptando la realidad para vivir y estar con lo que hay en el presente, en el ahora. Y así la vida nos colabora, a través de la sabiduría de la rendición, de ceder ya sin oponerte al flujo del día a día. Comienzas a darte cuenta de que lo que un día fue tu vulnerabilidad, hoy es tu gran fuerza.

»Ahora, en este estado, ya puedes actuar y hacerte cargo de la situación para abrir nuevos caminos.

CAPÍTULO VII

Tallando y puliendo el diamante que soy

Transformación que duele...
de oruga a mariposa.

“Que el camino venga a tu encuentro...
Que el viento sople siempre a tu espalda...
Que el Sol te dé siempre en la cara...
Y hasta que volvamos a vernos...
Que Dios te tenga en la palma de su mano”.

Bendición Irlandesa.

¿Cómo me encuentro a mí misma?

Mi relación conmigo, mi templo.

Definitivamente, el mejor camino para una buena autoestima es el autoconocimiento.

¿Sabes realmente quién eres? Quizá no te conozcas, no sepas cómo amarte. Es posible que, al ver a tu reflejo en el espejo, no seas verdaderamente honesta porque, ni siquiera contigo misma lo eres. Esos momentos sirven para revisarte, para saber en qué fallas, cómo te tratas, y cómo te ves a ti misma.

Tras una separación, o al finalizar de una relación, tus bases se tambalean.

Esa visión que tienes de ti se resquebraja y puedes empezar a abrir ese espacio de profunda introspección interna para observar esa primera gran relación contigo misma.

Es la más importante porque marca la pauta del resto de tus relaciones con el mundo de afuera, donde ese dar y recibir estará lleno de serenidad, claro está, cuando viene desde el buen dar. En ese trabajo personal donde tu estar contigo en silencios, quietud y vacío, te llevan a cultivar en un terreno fértil y conquistar esos espacios tan tuyos, que después compartirás con otros.

Y en ese enamorarte sanamente de ti (que no es narcisismo), donde cuidas de ti como adulta, donde te quieres, te das valor, reconocimiento, y preservas tus espacios, sabiendo colocar a tiempo sanos límites.

Donde hasta te ríes de ti misma, donde te animas a intentarlo de nuevo, trazando rutas claras de lo que quieres, donde sentimiento, pensamiento y acción van alineados en consecuencia el uno con el otro. Y esto no quiere decir que todo sea perfecto, porque te puedes equivocar, Pero también ahí habrá un aprendizaje que te permitirá volverte a encontrar.

Un lugar en donde no darás cabida a sabotajes pasados o victimizaciones llenas de drama y dolor, como lo hacías antes sintiéndote pobre de ti para justificar tu estancamiento. Porque ahora estás segura en tus pies de adulta.

Además te permites comunicarte con tus espacios y que ellos lo hagan contigo. Te observas cuando sales de tus límites, cuando el miedo se asoma y te deja sin respiración. Cuando dejas de serte leal o cuando afloran la culpa o el juicio para ir vaciándote de todo aquello que te resta. Entonces puedes escuchar con confianza lo que te indica tu corazón.

Mi relación con el otro...

Al tener ese equilibrio sano puedes observar. La mejor referencia que puedes tener es darte cuenta de cómo tu relación contigo misma se va transformando positivamente a través de las relaciones con las personas, sin atraer lo que temes, pues tu pensamiento ya no le da fuerza a lo negativo para quedarse en ti.

Por eso, tu relación con los demás, hablará de su relación contigo.

Pero también debes reflexionar, cuando no te sientas bien siendo así. Porque, ¿cómo esperas tener relaciones sanas si no estás a gusto contigo misma?

Antes que nada ,en las relaciones con los demás, has de tener claro desde el principio que somos iguales, y eso implica tener los mismos derechos, las mismas obligaciones. No puedes limitar tu crecimiento de manera individual, como tampoco el de pareja.

Al trabajar contigo, mientras más sana estés como persona, más sana será la pareja que atraigas. En cambio, si sigues llena de conflictos emocionales no resueltos, bien por tu infancia o por relaciones anteriores, tu corazón estará lleno de rabia y resentimiento, o necesitada de amor, buscando una pareja que te proteja. Pero no será una relación sana.

Quizá sea esto lo que más cueste interiorizar, pero la verdadera relación sana ocurre cuando podemos decirle a esa otra persona, que tanto amamos:

¡Te amo, pero no te necesito!

Y el "no te necesito" no significa que te sea indiferente o que no te importe.

Significa que le puedo valorar, amar o decirle cuánto le respeto y admiro, qué rico me hace el amor, valorar todo lo que se aprende en la relación, como también del disfrute de los espacios, pero no desde la necesidad de sentir que eres mi tanque de oxígeno para vivir.

Porque esa dependencia, en el transcurrir del tiempo, se convierte en una carga muy pesada.

Y puedes tener más claro que tu autovaloración comienza en ese proceso de autoconocimiento.

5 Claves para mejorar la relación conmigo:

1. Alimentar la satisfacción personal.
2. Disfrutar de estar contigo.
3. Elige ser la persona más importante de tu vida.
4. Cuidar de ti desde tu adulta.
5. Cambiar el Juez por un Mentor o Maestro.

"ORACIÓN A MÍ MISMA"

Te pido, querida mía, que me permitas
la vida, el amor y el placer.
Prometo amarte, cuidarte y confiar en
que todo lo que queremos, podemos
hacerlo posible.
Te pido que perdamos el miedo para
permitirnos sentir y experimentarlo todo.
También te pido que sanemos el dolor
y recordemos nuestra vida con
la alegría y el agradecimiento
de lo vivido.
Prometo ser tu mejor compañía, tu
sostén, el amor de tu vida y de la mía.
Perdóname por desconfiarte, por limitarte,
por maltratarte y por no reconocer lo maravillosas
que somos
tú y yo...

Querida yo misma...

(Autor desconocido)

CAPÍTULO VIII

La pareja

El amor de pareja no es incondicional...
tiene condiciones.
tú me das, yo te doy.

“En la vida no hay premios ni castigos, sino consecuencias”

Robert Green Ingersoll

En la pregunta está la clave para mi avance

Llegamos a un encuentro más y recibo una Brenda un poco decaída, desanimada y llena de mal humor y negatividad... la saludo a ver qué trae.

—Hola Brenda, ¿que tal ha ido todo?

Me responde de mala gana, entre dientes y encorvada, que las cosas no han ido muy bien, que está cansada y hasta cuestionando todo, inclusive la terapia.

La escucho pacientemente, sólo lo necesario. Dejo que se desahogue. Me habla de todo lo que ha hecho, de lo cansada que está, de lo que sigue viendo injusto (recordemos los quince minutos de víctima), y a continuación le corto:

—Bueee... ¡Hoy tengo una pregunta puntual que hacerte! ¿Sabes quién te puso tu nombre, lo que significa?

Inmediatamente, fue como si saliera del letargo en que estaba. No se lo esperaba, le pregunté algo que no tenía nada que ver con lo que me decía. Entendió que no le di fuerza a la niñita que se asomaba con una pataleta.

—-La verdad, no sé qué significa. Mi nombre me lo puso mi papá y soy la única que lo tiene en mi familia —-me contestó.

—Si hay algo que me gusta es saber el significado de las cosas. Tu nombre, Brenda, viene del término germánico Brand, que significa espada. Ahora debes darte cuenta que con todas las letanías con las que llegaste, hoy puedes con eso y más, pues Brenda significa que es ¡tan fuerte como una espada!

»Ama la pregunta, Brenda. En momentos así donde sientes que te desinflas es válido vivir esas emociones.

Detente a tomar una respiración, o varias. Pero no te quedes atascada en ese sentimiento que solo te llevará al estancamiento, ¡muévete!

Al ampliar el contexto, verás que sí puedes conseguirlo, y eso hará que seas perseverante porque tendrás un objetivo para continuar. Recuerda que tú eres más que una emoción.

»Cuando te sientas cansada, agotada, visualiza tu propósito, ese que viene de tu alma. Piénsalo, percíbelo, siéntelo de verdad, ese es el secreto.

»Cuando estés a punto de tirar todo por la borda o de tirar la toalla, piensa en tu propósito. Así conectas desde el corazón, no desde la mente, y recuperas una nueva vitalidad y energía al estar conectada con esa totalidad que es lo que te conecta con el todo.

»Pero, de igual modo, hay que tener paciencia con todo aquello que aún está sin resolverse en tu corazón. Al intentar amar la pregunta, quizá la respuesta lentamente llegará.

»También hazte la pregunta: ¿Hacia dónde va mi corazón, hacia qué o hacia quién?

»Esta simbología tan significativa te puede llevar al hermoso don que te ha dado tu padre con ese nombre y que en momentos difíciles te hará resurgir como el Ave Fénix. ¡Brenda, la que es fuerte como una espada!

El rostro de Brenda es todo un poema, hasta cambió de color y su mirada estaba iluminada, adornada con una gran sonrisa.

—Has avanzando. Valóralo en tu proceso de transformación y plantéate como mujer, al hacer conexión con esa Diosa que eres, que hay preguntas fundamentales que, con total honestidad, debes responderte como por ejemplo:

»¿Cómo lleno mis vacíos?

»¿Qué estoy haciendo para realizar mis proyectos y propósito de vida?

»¿Qué aporte quiero dejar?

»¿Dónde está mi pasión?

»¿Cómo me conecto con mi sexualidad?

»¿Me gusto a mí misma en un todo?

Una vez que te has respondido todo, damos el siguiente paso...

Importante ver en mi relación de pareja:

En todo el trabajo personal que has venido haciendo, debes responderte estas preguntas que te llevarán a estar más clara para estar en una relación:

1. ¿Soy consciente de qué nos separa?
2. ¿Me he ocupado de hacer un buen cierre con relaciones anteriores?
3. ¿He asumido la responsabilidad de mi 50%?
4. ¿Qué lugar le doy a esa persona en mi vida?
5. ¿Dejo espacio para que el otro me devuelva?
6. ¿Sigo apegada a mis expectativas?
7. ¿Doy más de lo que el otro me puede devolver?
8. ¿La contribución y el estar es en partes iguales?

Con todo esto, podemos concluir que nos cuesta mucho hacer contacto con el corazón, pues nuestro corazón es nuestro campo de resonancia con el otro y, como todos somos niños heridos no disponibles para la vida, porque estamos enrollados con cosas que sucedieron atrás, no estamos disponibles para el otro.

El origen de los conflictos en la relación de pareja están principalmente cuando:

- Pretendes que la pareja asuma el rol de papá y que satisfaga tus necesidades.

- Al proyectar en la pareja lo no resuelto con los padres.
- Al no aceptar, criticar y rechazar a la familia de la pareja.
- Al rechazar y no darles un lugar a hijos de relaciones anteriores de la pareja.
- Al pretender cambiar a la pareja a nuestra conveniencia.
- Al presionar y manipular imponiendo tu voluntad y tus gustos.

¿Cómo lo solucionamos?

- Tomando a nuestros padres y resolviendo los conflictos pendientes.
- Respetando las relaciones anteriores y su lugar, tanto las propias como las de la pareja.
- Aceptando a la pareja tal y como es, diciéndole: Eres el perfecto (a) para mí, te tomo tal y como eres.
- Equilibrando el dar y recibir.

El camino va más allá de lo que está pasando. Trabajar en la profundidad de lo que te incomoda, hacerte responsable para poder incluir, esa es la ganancia de sanar nuestras heridas para vivir más confiados.

Brenda se va con todo esto como tarea y para llevarlo a la acción, así seguimos avanzando...

Reconciliándome con lo masculino

Llegamos al momento cumbre... si todo tiene concepción, gestación y nacimiento (como todo en la vida) hoy es el cierre del proceso que hemos venido caminando.

¡Llega Brenda muy emocionada, me conmueve nada más observarla!

Recordar cómo llegó y cómo se ha ido transformando, estos son de esos momentos tan únicos del acompañamiento cuando ya ese ser que se envolvió en su crisálida comienza a abrir su capullo para volar y tienes la dicha y honor de presenciarlo. Veo a una mujer radiante, en todo su esplendor. Nos saludamos:

—¡Hola Brenda! Quiero que sepas que estoy muy orgullosa de ti, del maravilloso trabajo que has realizado.

»De tu perseverancia y entrega. Has alcanzado una meta, que obviamente no acaba aquí, pues la vida continúa y amar se aprende amando. Siempre seguirán surgiendo situaciones y personas que te lleven a retos, mas la ganancia es que ahora te tienes a ti misma.

»Ahora llega el momento crucial de reconocer lo que es, haciéndote cargo de lo que corresponde para poder estar frente a una pareja con un corazón limpio.

»Saber que ahora en esta vibración y con esta actitud ante la vida todo cambia y se transforma para entrar al campo de todas las posibilidades.

»Una última recomendación:

»Todo trabajo personal hazlo **sin apego al resultado**, pon todo tu ser, suelta toda expectativa, enciende tu música interior y escúchala para que dances a ese ritmo, amándote en un **SÍ** sabio, simple y profundo.

Brenda me mira con mucho amor y gratitud.

Ambas respiramos y le sigo diciendo:

—Volvemos ahora a más preguntas que hagan posible "El encuentro", y para eso debes responderte como siempre, con total sinceridad.

»¿He reconciliado lo femenino reprimido en mí? (De lo sufrido a lo nutrido).

»¿Desde dónde me relaciono con lo masculino?

¿Desde mi herida y creencias desgastadas que ya no tienen cabida en mi presente?

¿Desde las heridas de ambos que impiden hacerlo de otra manera?

¿O desde el Ego, que no es el lugar donde somos malos, sino donde nos sentimos heridos?

»Ya una vez respondido todo esto, y con mayor claridad, pasamos al siguiente ejercicio abrazando a esa Diosa que has esculpido en tu paso a paso con la paciencia y perseverancia de saberte y sentirte plena de amor por ti.

»Gracias por la valentía y la confianza que me diste para acompañarte en tu proceso.

»Te abrazo, con la certeza de verte volar muy alto, deseándote hoy y siempre ¡que tengas buen camino pleno de bendición!

Ejercicio...

Pasos de la mujer hacia el hombre

Desde el SER de esa Diosa que caminó su oscuridad, das el paso para:

Visualizar a un hombre que represente a "Tus Amores", mirándolo a los ojos para que te conecten con la profundidad de su ser y en ese reflejo, te ves a ti misma, en los infinitos encuentros y desencuentros ya luchados, y el momento siguiente a donde la única opción era ser fuerte y llorar no tenía cabida.

En un dolor donde se ahoga la vulnerabilidad de no entender por qué no pudo ser de otra manera, aunque lo hayas implorado mil veces a gritos.

Mira también en sus ojos una fortaleza impuesta que lo derrumba y encierra en una celda.

En este momento decides dar el primer paso para poder tomarlo de las manos y, sin apartar tu mirada de la suya, poder decirle:

"¡Te veo!... Te veo más allá de tus ojos y tu cuerpo físico, siento el dolor de lo vivido y veo la inmensa capacidad de amar dentro de ti, te respeto junto con toda tu historia y la mía, te honro, honro a tu ser hombre y tu presencia en mi camino...

Bendecir tu alma que es espejo de la mía. Ahora entiendo que todo ha sido perfecto para nuestra evolución y que mi dolor, en el vivir de la experiencia, fue el que creó la ruptura que entre tú y yo existió.

Honro y bendigo al Maestro que fuiste en mi vida, asumo mi 50% y te devuelvo tu 50%, te llevo en mi corazón... eres libre. (Respira profundo y visualiza todo lo que sueltas)". Ahora...

En este punto te abres en libertad y responsabilidad a la posibilidad de recibir a un hombre en tu vida diciéndole:

(Visualiza a la posible pareja que puede llegar o que ya está presente).

"Me quedo contigo, te tomo sin quitarte ni sumarte nada, te sigo y elijo caminar a tu lado en plenitud, armonía e infinito amor... ¡Eres el perfecto para mí y en un abrazo nos fusionamos en un solo ser!"

Ahora suelta toda expectativa, viviendo tu presente al cien por ciento, amándote y ocupándote, dejando que la vida haga el resto.

CAPÍTULO IX

Las diosas de cada mujer

(Arquetipos Mitología Griega)

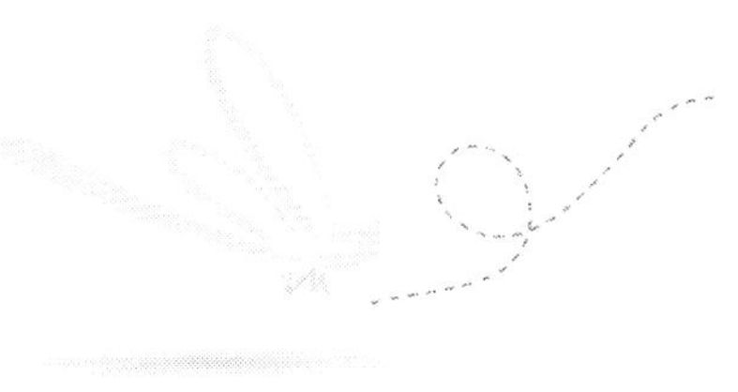

Yo soy feliz siendo
yo misma, sin máscaras,
sin sentimiento de culpa
conforme a mi vocación,
a mi misión y a mis sueños.

Yo tengo el coraje de ser y sentirme libre
para elegir mis caminos,
vencer mis miedos, mis temores,
y asumir las consecuencias de mis actos.

Yo soy feliz tengo alegría para reír,
para hacer y recorrer mi camino de felicidad.
Siento la energía de vivir
plena e intesamente.

Yo soy una mujer completa, me amo,
reconozco que soy única, irrepetible
e irremplazable, que valgo, porque
en mi interior hay mucho amor para dar.

(Autor desconocido)

Breve reseña de cada diosa

En estos cuadros que verás a continuación se encuentran las principales Diosas griegas, con sus características y los arquetipos humanos de cada una.

Te permitirán ver en cuál te encuentras y la referencia que esto te pueda dar para crecer, sabiendo que eventualmente podrás estar en otra.

A partir de estos conceptos, si encuentras algo que te sirva puedes indagar aún más sobre el tema y precisamente de eso se trata el proceso de autoconocimiento, ser consciente de tus debilidades y fortalezas para preguntarte:

¿Qué puedo hacer con esta información para transformarla?

Y es en ese momento cuando te ocupas de ti para seguir nutriendo tus espacios, que sabrás estar contigo misma y te será más fácil compartir con otros. Y entre luces y sombras podrás reiterar, en una simple frase, una que lo resume todo:

¡En mi vulnerabilidad está mi fuerza, soy suficiente!

Un breve recorrido desde:

Artemisa:

Diosa de la naturaleza y de la Luna.

Era la diosa lunar virgen de la caza, de las fieras y de los animales salvajes. Además de ser la diosa de la Luna, es protectora de los jóvenes y, paradójicamente, de las embarazadas por haber ayudado a su madre durante el parto de su gemelo. Protectora de las mujeres guerreras y de las amazonas.

Atenea:

Diosa de la sabiduría y de la artesanía. Diosa de la sabiduría, la estrategia y la guerra.

Era venerada como diosa guerrera y como diosa de las artes, de la paz y la inteligencia. En ella estaban reunidas la máxima fuerza y sabiduría, amante de lo perfecto, con una buena particularidad, y es que en sus ratos libres practicaba las manualidades.

Hestia:

Diosa del hogar.

Personifica el hogar, pero también el fuego central de la Tierra. Protectora innata de la familia, se caracteriza por la sensibilidad y la entrega a sus seres queridos. Es la hija primogénita de Rea y de Crono, y la hermana mayor de los Dioses del Olimpo.

Hera:

Diosa del matrimonio y del compromiso, cuyo nombre significa "señora".

Es, ante todo, esposa. Es la Diosa protectora de todas las mujeres casadas y se dice que del matrimonio, pero es celosa, despótica y vengativa. Era víctima de las continuas infidelidades de Zeus, de las que solía vengarse en los hijos surgidos de esas relaciones y de cualquiera que representaba un peligro para ella. Fiel a sus ideas, se rige por la lealtad.

Deméter:

Diosa de la cosecha y la fertilidad.

Es la diosa griega de la agricultura, nutriente puro de la tierra verde y joven, vivificadora del ciclo de la vida y la muerte, protectora del matrimonio y la ley sagrada, patrona de los cereales, de la tierra y la maternidad. Y, en general, de todas las formas de reproducción de vida. Simboliza la generosidad y el amor de familia.

Kore-Perséfone:

El mito de la transformación.

Perséfone, Diosa del mundo subterráneo, de la intuición y del subconsciente, tiene el poder de cautivar con una sola mirada. Posee la facultad de desnudar el alma de quien desea mediante la intuición. Su efecto la convierte en una mujer distinguida, sobria y misteriosa, pero a la vez delicada y deseosa de amor. Además, brinda la capacidad de comprender y de escuchar a quienes acuden por su ayuda o su consejo.

Afrodita:

Diosa del amor y de la belleza.

Es la diosa del amor, el sexo y la belleza, su imagen representa la seducción y la irreverencia. Sus poderes son inmensos, protege a los esposos, fecunda los hogares y está presente en los partos. También simboliza la pasión desencadenada.

Cuadro de diosas I

DIOSAS	CATEGORÍA	ROLES ARQUETÍPICOS	PERSONAJES SIGNIFICATIVOS
Artemisa (Diana) Diosa de la caza Y de la Luna	Diosa Vírgen	Hermana Competidora Feminista	Compañeras hermanas (ninfas) Madre (Latona) Hermano (Apolo)
Atenea (Minerva) Diosa de la sabiduría y de la artesanía	Diosa Vírgen	Hija del Padre Estratega	Padre Zeus Héroes escogidos
Hestia (Vesta) Diosa del Hogar y de Los templos	Diosa Vírgen	Tía soltera Mujer sabia	Ninguno
Hera (Juno) Diosa del matrimonio	Diosa vulnerable	Esposa Creadora de compromisos	Esposa de Zeus
Démeter (Ceres) Diosa de las cosechas	Diosa vulnerable	Madre Nutridora	Hija (Perséfone) O hijos
Perséfone (Proserpina) Doncella y Reina del mundo subterráneo	Diosa vulnerable	Hija de la madre Mujer receptiva	Madre (Démeter) Esposo (Hades/Dionisio)
Afrodita (Venus) Diosa del amor y de la belleza	Diosa alquímica	Amante Mujer sensual Mujer creativa	Amante (Ares/Hermes) Esposo (Hefestos)

Cuadro de diosas II

DIOSAS	TIPO PSICOLÓGICO JUNGUIANO	DIFICULTADES PSICOLÓGICAS	PUNTOS FUERTES
Artemisa	Habitualmente extravertida. Habitualmente intuitiva. Habitualmente sensible.	Distancia emocional, Rudeza, cólera	Capacidad para establecer los retos propios y alcanzarlos, independencia. Autonomía y amistad con las mujeres.
Atenea	Habitualmente extravertida. Categóricamente razonadora. Habitualmente emocional.	Distancia emocional, astucia, falta de empatía.	Capacidad para pensar correctamente, para resolver problemas prácticos y planear estrategias; creación de poderosas alianzas con los hombres.
Hestia	Categóricamente introvertida Habitualmente sensible.	Distancia emocional, astucia, falta de empatía.	Capacidad para disfrutar de la soledad; posesión de un sentido de significado espiritual.
Hera	Habitualmente extravertida. Habitualmente sensible. Habitualmente emocional.	Celos, espíritu vengativo, cólera, incapacidad para abandonar, relaciones destructivas.	Capacidad para establecer un compromiso para toda la vida; fidelidad.
Démeter	Habitualmente extrovertida. Habitualmente sensible.	Depresión, destructividad, fomento de la dependencia, embarazo no deseado.	Capacidad para ser maternal y nutrir a los demás; generosidad.
Perséfone	Habitualmente introvertida. Habitualmente emocional.	Depresión, manipulación, huida a la realidad.	Capacidad de ser receptiva, apreciar la imaginación y los sueños, capacidades psíquicas potenciales.
Afrodita	Categóricamente extrovertida. Categóricamente emocional.	Relaciones en serie, promiscuidad, dificultad para considerar las consecuencias.	Capacidad para disfrutar plenamente del placer y de la belleza, ser sensual y creativa.

CAPÍTULO X

La aguja en el pajar

Las progresivas en mí.

"La oruga sabe quién es y lo acepta sin resistirse"

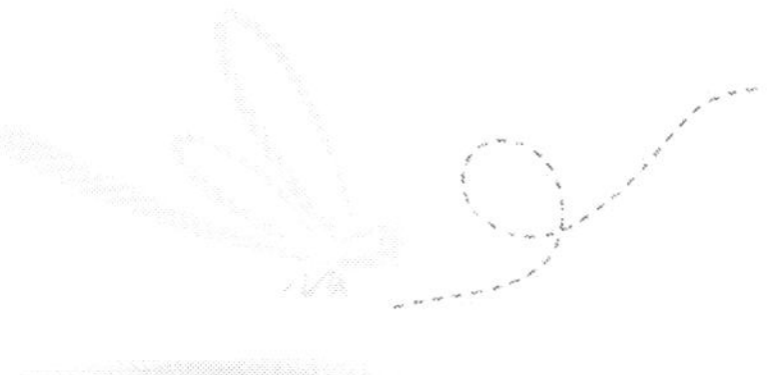

Primero que nada, quiero comentarte lo que son las Constelaciones Progresivas y cómo llegaron a mi vida, así como, con mucha picardía en mi alma de saber que desde hace tiempo algo así lo había pedido y ella se encargó de colocarlo ante mí, en un... ¡Pide y se os concederá!

En este amor a mi oficio, seguía sintiendo que aún algo faltaba por pulir para entregar mejores recursos y herramientas a mis consultantes.

Estaba en el proceso de ensamblar mi primer libro, cuando en la editorial me dijeron:

—Adriana, ¡debes escoger quién va a escribir el prólogo!

Vaya... quedé en silencio y sólo respondí que ya me pondría en eso.

Empecé más que a pensar, a sentir en mi corazón a quién le podía pedir que me diera el honor de ser prologuista de mi libro.

Es un libro que escribí para celebrar y honrar con él mi recorrido de 20 años como terapeuta, es un poemario que se llama:

"Entramados de sueños e historias"

Que narra las experiencias de una terapeuta convertidas en versos y poemas con personajes de la mitología griega, basado en los órdenes del amor de Bert Hellinguer, con cuatro ventanas que representan esas fases de la vida donde, sí o sí, todo ser humano transitará en algún momento de su vida como son:

El Rapto: Ese momento donde una muerte, un abandono, separación, despido, accidente o un evento inesperado te cambian los escenarios cómodos y vives lo que te toca vivir.

La Cueva: Cuando ya estás allí y te preguntas ¿cómo me muevo? Y en la oscuridad y humedad de esa fría caverna, planificas la salida.

El Escape: Cuando, tras ese inmenso proceso, emerges del inframundo y ¡finalmente se hace la luz!

El Edén: Justo es donde puedes calibrarlo todo, pues sólo del trabajo realizado, integrado y transformado en ti, recogerás la más dulce o la más amarga de las cosechas.

Era mi primer hijo de papel, ¿a quién se lo entregaría para presentarlo al mundo?

Decidí hacer una meditación y pedí asistencia con esa intención, y simplemente se me vino el rostro de Luz Rodríguez, con quien había tenido breves encuentros por las redes sociales y a quien hacía mucho tiempo que no saludaba.

Confié en lo que sentí. Me comuniqué con ella y al plantearle mi proyecto, con toda la gentileza y cariño al enviarle el material con el contenido del libro, me envió el prólogo para anexarlo y completar así un sueño a punto de hacerse realidad.

Al mes siguiente, recibí un correo de Luz donde me escribió sobre su nueva entrega, las Constelaciones Progresivas junto con algo del material de lo que eran. Y no lo pensé dos veces, decidí dar el paso a eso que resonaba con lo que le había pedido a mi alma que encontrara para mí en algún lugar del planeta.

Consciente del paso que estaba dando, mi ser ya se preparaba para acurrucarse y tejer un nuevo capullo decidida a buscar alas más grandes para volar más alto. ¡La Maestra apareció!

Inicia así mi travesía, y te cuento:

Las Constelaciones Progresivas son el paso siguiente a las Constelaciones Familiares y están dirigidas a la acción, pues te indican un movimiento a la vida.

Trabajan a partir del inconsciente colectivo que han ido creando diferentes consteladores a través del mundo partiendo de la premisa de que los participantes ahora están más conscientes y son más sensibles a los movimientos sistémicos.

Se aborda la enorme influencia que tienen los patrones arquetípicos en el inconsciente de un sistema.

Gracias al estudio de los arquetipos de Carl Jung, nosotros podemos comprender qué es lo que sucede en el campo morfogenético que se ha venido manifestando a través de las Constelaciones Familiares.

Y así, a través de estos arquetipos de las imágenes internas, vamos a buscar los embrollos a otro nivel, sin indagar en las profundidades del ser de cada uno de los miembros del sistema, sino en las profundidades de los arquetipos activos dentro del sistema familiar.

A partir de ahí, podemos avanzar mucho más fácilmente, de una manera más sencilla, con menos drama y más consciente para la persona que consulta.

Yo, Adriana, he sido muy escrupulosa en el detalle de mis procesos, de cada análisis, investigación, un trabajo hecho a conciencia en ese camino recorrido con el alma, para el alma y a través del alma. Y en esa honra en un tempo (que es el proceso de destilación que nos lleva al tiempo) de integración del paso a paso de la mente al corazón.

Del gran amor que se ha liberado en mí al contemplar las historias de las que vengo, de la fuerza de mis tatarabuelos, bisabuelos, abuelos y padres, de la ternura y orgullo que brotan después del trabajo interno y que te llevan a una gran y liberadora comprensión que simplemente te transforma, hacen que tenga el árbol genealógico grabado en mi cerebro y plantado en mi corazón.

Durante ya unos cuantos años, venía en una búsqueda incesante de una pieza que le faltaba a mi rompecabezas, pues así lo sentía en todo mi SER. Sin explicación alguna, había un vacío constante que me lo ratificaba e indicaba, y por más que la buscaba no podía encontrar. Muchas veces estuve a punto de desistir y de sentirme perdida...

Hasta en mi desolación, siempre me decía que era como buscar una aguja en un pajar, o como una habitación que está tan limpia, en la que sabes que aún falta algo importante, pero, por más que buscas, no lo ves....

Y fue así como llegó esa frase de Rumí que dice:

"Aquello que tú buscas, te busca".

De esa forma emergió sorpresivamente de la profundidad de mi inconsciente y se asomó tras más de 5 años de travesía al comenzar a avanzar y ahondar en las técnicas de las Constelaciones Progresivas desde diferentes ángulos y miradas.

Todo comenzó a moverse de manera sutil, como una danza que al escuchar la melodía no para el ritmo. Y en ese ir por capas en un trabajo exacto, como el engranaje de las piezas de un reloj suizo, constante y sincronizado, un buen día todo aquello que andaba buscando, sin esperarlo, ¡me encontró!

En todo un recorrido me adentré en mis imágenes internas, hicieron lo suyo y me llevaron en los movimientos y sensaciones corporales a drenar aquellas emociones bloqueadas y aprisionadas en mi cuerpo y congeladas en el tiempo, estancando el presente...

También en imágenes arquetípicas que colocaron luces y dinamismo, ya que el símbolo habla más que mil imágenes, para más allá de lo lógico, darme el permiso de ir viendo, muchas veces con asombro en la línea del tiempo, cómo me iba indicando ese punto tangible de la traba dando, confianza de manera espontánea y natural al avance. Y así, haciendo consciencia en la situación actual de dónde estaba el conflicto, podía entonces preguntarme a mí misma:

¿Qué sueño tengo pendiente por lograr...?

Y a partir de ahí me permití, aún con algo de susto, ir hurgando un poco en la herida para ventilarla, y entonces sí, llegarle al trauma para colocar el bálsamo y tener la fuerza de aventurarme a un presente con acciones conscientes y llena de más recursos...

Dándome el tiempo de escuchar mis voces internas para integrar y transformar todo esto en una fascinante metáfora llena de ensueño y reflexión, dando anclajes y símbolos muy potentes, en todo un recorrido del maravilloso Viaje del Héroe y viviendo la experiencia en cada personaje y en cada una de sus polaridades.

En cada prueba y desafío que tuve de vivir en mí, desde El Huérfano, El Inocente, El Mártir, La Víctima, avancé al Guerrero y a El Vagabundo, para finalmente llegar al Mago y entender que el verdadero camino del Mago es aquel donde tu empiezas a manifestar fuera aquello que está dentro de ti.

Y entonces sí, convocas la magia desde tus creaciones internas, conectadas con la vida y con ese campo aún más grande que lo contiene todo va preparando entre luces y sombras las alas.

Ahora más grandes y amplias en ese importante y alto vuelo en una aceptación radical dando ese gran SÍ a la vida, SÍ a mis padres, SÍ a mi destino y a todo tal cual como ha sido sin pretender cambiar nada...

Gran paso que te lleva a abrazar lo trascendental.

Fue fascinante ese viaje en eslabones a los 5 movimientos de la existencia humana:

El movimiento hacia la madre, reabriendo un nuevo canal de parto para mí, con toques conmovedores del milagro de la concepción, gestación, nacimiento y, sobre todo, lo que más necesitaba, el amamantamiento para nutrirme en abundancia y avanzar.

Poder mirar a los ojos a mamá y pedir su permiso con amor para ir a los brazos de papá.

Luego a los ancestros, mirarlos con orgullo en su grandeza con todas sus historias, a la vida con todo lo que es y, finalmente, mirar a su hermana mayor, la muerte, en la profundidad de lo trascendental, para darle toda la fuerza y complementarlo con la respiración en un aprender a vivir y aprender a morir.

Todo este camino recorrido en mi formación de Progresivas hizo que un día, sin más ni más, entre prácticas, procesos, largas caminatas llenas de reflexión, respiraciones y meditaciones, encontrara eso que describía mi alma.

"Una aguja en un pajar" (Qué importante es prestar atención a aquello que se te repite, aquello que duele, pesa y no tiene respuesta dentro de nosotros para... tirar de ese hilo que nos conduce a la madeja y que a su vez nos lleva al tejido. Esto es parte importante de todo proceso).

Me dio por hacer limpiezas de mis espacios físicos y actualizarlos, y un buen día decidí que también lo haría con mi automóvil.

Sólo que en esta oportunidad, en vez de ir a un autolavado, quería hacerlo yo misma. Sentí que era importante hacerlo con mis manos y colocando una intención, pues finalmente, el auto soy yo y esa limpieza en detalle no era más que el preámbulo a algo grande que estaba listo para manifestarse...

Era una mañana cálida y soleada de las que suelen haber en Miami, donde, acompañada de buena música, empezó mi faena con la mejor disposición y todos los implementos necesarios para que quedara bello y reluciente mi auto.

En la medida que pasaba las mopas de jabón, comenzaron simultáneamente a llegarme imágenes internas, muy claras, donde veía a un pirata en su barco en alta mar, con un caleidoscopio en sus manos por el cual miraba buscando algo (yo amaba los caleidoscopios de niña y pasaba largas horas observando miles de imágenes en mi mundo lleno de fantasía).

Ese caleidoscopio tenía dos ranuras. El pirata tenía a su lado una caja con diapositivas, él las fue clasificando y escogió dos, que al colocarlas en las ranuras del caleidoscopio, hicieron ambas una sola imagen que mostraba de manera precisa en qué isla estaba el tesoro que él tanto buscaba.

Así, con gran determinación, puso rumbo a su nave, tras tantos años de búsqueda, con alegría y celebración ¡hacia la Isla del Tesoro!

Al ver cuáles fueron las dos diapositivas que el pirata escogió y que develaron el lugar exacto, no lo podía creer, fue como si se abrieran unas compuertas de acero en mi cerebro que dieron acceso a la información:

¡Encontré la aguja en el pajar!

Agitada, y muy emocionada, respiraba con el corazón acelerado. Pude ver y entender claramente que lo que faltaba ver era una doble imbrincación sistémica (así se llaman los embrollos aún sin resolverse en los sistemas de familia) que hacía ese doble nudo en exclusión y rechazo muy fuerte en dos temas específicos de mi historia familiar por ambas líneas, y con repetición del tema en 4 generaciones.

Tanto de la paterna como la materna, las había trabajado por individual y el gran detalle que frenaba todo era que había que integrar y trabajar ambos temas en conjunto.

Mi alegría se desbordaba, pude ver incluso más señales, pero la más significativa fue ver y ratificar cómo el alma siempre te guía, y al hacer todo ese gran trabajo por capas, se manifestó en el momento preciso la imagen que me desvelaría lo que tanto yo venía buscando.

Luego me preguntaba, ¿pero por qué vi un pirata buscando un tesoro?

E inmediatamente recordé cómo el año anterior había dictado un taller al cual le puse por nombre: "Navegando al Origen", en el cual recreé el Genograma como una Carta de Navegación en la búsqueda del Tesoro.

Encargué de manera especial unas orgonitas con un espiral representando el origen de la vida con el Fibonacci, con piedras de turquesa (agua que conecta con mamá y útero que es el origen de la vida) para trabajar las emociones que representaban la brújula.

Con todos estos elementos, el árbol familiar, y con una escenografía al final como broche de oro, el gran detalle era el "Cofre del Tesoro", con joyas y monedas de chocolate con un ejercicio sistémico que hizo el anclaje con 4 generaciones y... ¿qué crees?

¡Yo me disfracé de pirata!

Tanta sincronía sólo ratifica que las señales siempre han estado, y como dice El Principito: "Lo esencial es invisible a los ojos"... Un eco me repetía una y otra vez: ¡Recuerda mirar más allá de lo que ves!

Hacía falta mirarlo con los ojos del corazón... y sólo depende de nosotros, entre perseverancia y disciplina, intentar, intentar una y otra vez, y las veces que sean necesarias, hasta llegar a la meta, sin pretender controlar nada al ritmo que corresponda avanzar para que aquello que buscas te encuentre.

Así como ese pirata, irreverente, valiente, osado, vanguardista, cruzó los siete mares en la búsqueda de su tesoro, descubrí que así mi alma sintió la llamada de formarme como terapeuta muchos años atrás para caminar mis procesos y así ir de tramo en tramo conquistando el mundo, mi mundo, para enlazarlo con el propósito de vida que hoy tengo claro para mí.

Trabajar con las mujeres en la reconciliación con su esencia y mejorar su calidad de vida con los principios sistémicos y poder así motivar en esa embarcación a muchas almas en un despertar consciente, lleno de amor propio... ¡ese es el verdadero tesoro que todos debemos encontrar!

Con toda la energía que se movió, ambos temas se manifestaron de inmediato, cual examen pendiente por aprobar en mí.

Y, como dijo Albert Einstein, "un problema nunca se podrá solucionar en el mismo nivel donde se originó y hay que elevarse para mirarlo desde otro ángulo".

Así tal cual lo hice. En esta oportunidad, con una fuerza y precisión en mí que trajo resultados diferentes y un nuevo camino por recorrer con energía renovada y más ligera de equipaje, ratificando aún más seguridad y amor propio.

Gracias Progresivas en mí... Gracias a mi querida, respetada y admirada Mentora, Luz Rodríguez, tomo este legado con el mismo amor, responsabilidad y humildad con el que lo colocaste en mis manos.

¡Seguiremos pasando la antorcha para pasar la luz de generación en generación!

Reflexiones finales

Ya al final de la travesía y de haber vivido mil circunstancias que te llevan en silencio con un corazón abierto a más humildad, para amar tu realidad en la cualidad esencial de lo humano, que es su propia imperfección y de tener claro al transitar ese aprendizaje cuánta belleza hay en ella!

Habiendo transformado todo lo que antes percibías como negativo que con perseverancia, te llevó a encontrar el gran regalo de la vida, con todo a lo que tu alma asintió para soltarlo todo, actualizar el presente y crecer en esencia salpicada con perfume de Dios al corazón.

Gracias vida por las experiencias pasadas y el aprendizaje.

Ahora queda como un significativo tributo, resaltar el legado de un Gran Maestro y de su paso por la vida, con una fecunda y sabia reflexión, llena de verdades, valentía, recursos, acción y consciencia que al integrarlas en cada tramo de tus experiencias van cobrando aún más fuerza, dándole sentido y valor a lo que realmente lo merece.

La vida te rompe... Hasta que sólo queda en ti amor

La vida te desilusiona para que dejes de vivir de ilusiones y veas la realidad.

La vida te destruye todo lo superfluo , hasta que queda sólo lo importante.

La vida no te deja en paz, para que dejes de pelearte y aceptes todo lo que "ES".

La vida te retira lo que tienes, hasta que dejas de quejarte y agradeces.

La vida te envía personas conflictivas para que sanes y dejes de reflejar afuera lo que es adentro.

La vida deja que te caigas una y otra vez, hasta que decides aprender la lección.

La vida te saca del camino y te presenta encrucijadas, hasta que dejas de querer controlar y fluyes como rio.

La vida te pone enemigos en el camino, hasta que dejas de "REACCIONAR".

La vida te asusta y sobresalta todas las veces que sean necesarias, hasta que pierdes el miedo y recobras la fe.

La vida te quita el amor verdadero, no te lo concede ni permite, hasta que dejas de intentar comprarlo con barajitas.

La vida te aleja de las personas que amas, hasta que comprendes que no somos este cuerpo, sino el alma que él contiene.

La vida se ríe de ti tantas veces, hasta que dejas de tomarte todo tan en serio y te ríes de ti mismo.

La vida te rompe y te quiebra en tantas partes como sean necesarias para que por allí penetre la luz.

La vida te enfrenta con rebeldes, hasta que dejas de tratar de controlar.

La vida te repite el mismo mensaje, incluso con gritos y bofetadas, hasta que por fin escuchas.

La vida te envía rayos y tormentas, para que despiertes.

La vida te humilla y derrota una y otra vez hasta que decides dejar morir el EGO.

La vida te niega los bienes y la grandeza hasta que dejas de querer bienes y grandeza y comienzas a servir.

La vida te corta las alas y te poda las raíces, hasta que no necesitas ni alas, ni raíces, sino solo desaparecer en las formas y volar desde el SER.

La vida te niega los milagros, hasta que comprendes que todo es un milagro.

La vida te acorta el tiempo, para vivir, te ridiculiza hasta que te vuelves nada, hasta que te haces nadie, y así te conviertes en todo.

La vida no te da lo que quieres, sino lo que necesitas para evolucionar.

La vida te lastima, te hiere, te atormenta, hasta que dejas tus caprichos y berrinches y agradeces respirar.

La vida te oculta los tesoros , hasta que emprendes el viaje, hasta que sales a buscarlos.

La vida te niega a Dios, hasta que lo ves en TODO y en TODOS.

La vida te corta, te poda, te quita, te desilusiona, te agrieta, te rompe ... hasta que sólo en ti queda AMOR.

Bert Hellinguer.

Bibliografía

- Bert Hellinguer, Los Órdenes del Amor.
  2da. Edición 2010.
- Berth Hellinguer, El Manantial no tiene que preguntar por el camino 1era. Edición 2007.
- Jhon Bradshaw, Secretos de familia, el camino hacia la autoaceptación y el reencuentro.
  1era Edición, 2000.
- Bert Hellinguer y Gabrielle Ten Hövel, Reconocer lo que es
  2da Edición 2001, Empresa Editorial Herder S.A., Barcelona.
- Luz Rodríguez, Pido permiso a mis padres
  1era. Edición, 2016.
- Graciela Lauro, La reconciliación con el origen y el destino.
  1era. Edición en español 2006.
- Jean Shinoda Bolen, Las Diosas de cada mujer. 1993
  (Una nueva psicología femenina)
- http://www.solonosotras.com/cultura/mitología.
- http://www.elreinodehades.com.ar
- http://www.culturageneral.net/mitologia/htm
- Thomas Moore, Las noches oscuras del alma.
  Ediciones Urano 2004.

De la misma autora

Entramado de sueños e historias

En este libro vamos tejiendo un "Entramado de sueños e historias" a partir de los inspirados poemas de Adriana donde, generosamente, comparte sus descubrimientos en la búsqueda de la esencia.

Son las experiencias de una terapeuta transformadas en versos y poemas, con personajes de la mitología griega, basada en las leyes sistémicas como lo son las "Órdenes del amor", de Bert Hellinguer.

La autora nos recuerda que lo importante no es la llegada a un lugar, sino la experiencia y los encuentros que ganamos en el camino recorrido. Adriana ha descubierto el poder Alquímico de ser mujer en su corazón. Cuando llegamos a ese punto queremos gritarlo al mundo y ella lo comparte de manera sutil desde su feminidad e intuición.

Desde la Perséfone dependiente de la madre y víctima de las circunstancias, que se sumerge en el Hades de su inconsciente para rescatar a la Diosa Alquímica. Ese es el arte de dar a luz la mejor versión de nosotros.

www.adrianagarciacroes.com

Made in the USA
Columbia, SC
12 January 2020

86605043R00100